PARIS
SOUS LA COMMUNE

EN 1871

PAR

CH. BERGERAND

Directeur du *Courrier de la Lozère.*

Prix : 3 fr. 75

PARIS
ADOLPHE LAINÉ, LIBRAIRE-ÉDITEUR
19, RUE DES SAINTS-PÈRES, 19
ET CHEZ TOUS LES LIBRAIRES.
1871

PARIS
SOUS LA COMMUNE
EN 1871.

Paris. — Imprimerie Ad. Lainé, rue des Saints-Pères, 19.

PARIS
SOUS LA COMMUNE
EN 1871

PAR

CH. BERGERAND
Directeur du *Courrier de la Lozère*.

PARIS

ADOLPHE LAINÉ, LIBRAIRE-ÉDITEUR

19, RUE DES SAINTS-PÈRES, 19

ET CHEZ TOUS LES LIBRAIRES.

PRÉFACE.

—

Les pages qu'on va lire n'ont point été écrites en vue de la publicité qu'elles reçoivent aujourd'hui. C'est dire qu'elles n'ont aucune prétention littéraire.

Directeur d'un journal de province, et naturellement l'un de ses correspondants à Paris, pendant les séjours qu'il est appelé à y faire, l'auteur expédiait chaque soir au journal sa lettre quotidienne sur la situation générale.

Il le faisait ainsi depuis le commencement des événements, lorsqu'arriva le 30 mars. A cette date, Paris, comme au 18 septembre, avait cessé de pouvoir correspondre avec la province.

Dans la pensée que l'interruption des communications ne serait que momentanée, il n'en continua pas moins à mettre chaque jour ses notes en ordre. La gravité croissante des événements ne tarda pas à lui faire comprendre l'intérêt que, en tout état de cause, il y avait à poursuivre son travail.

On sait comment les communications postales furent rétablies le 31 mai seulement.

La série de lettres que nous offrons au public s'ouvre au 18 mars pour finir au lendemain du rétablissement de l'ordre dans Paris.

Reproduisant ou analysant, selon leur importance, les actes de la Commune, les événements considérables, les suivant jour par jour, heure par heure pour ainsi dire, ces lettres, en même temps qu'elles renouent le fil rompu des rapports entre Paris et la province du 30 mars au 31 mai, constituent dans leur ensemble le véritable journal de Paris, pendant cette douloureuse et criminelle insurrection sans précédent dans l'histoire du monde.

Œuvre de chaque jour, ce travail en porte le cachet et la physionomie.

C'est en temps d'insurrection surtout qu'il y

a très-loin du jour au lendemain. Telle prévision, juste au moment où elle est formulée, ne se réalisera pas demain, parce qu'un fait nouveau ou contradictoire se sera produit, souvent dans l'heure qui suivra. Tel acte n'aura pas les conséquences qu'il semble comporter, parce qu'une modification quelconque viendra bientôt en aggraver ou en atténuer la portée. Une appréciation, sage et vraie à l'instant où elle est émise, recevra un démenti, parce que la précipitation avec laquelle les événements s'accomplissent aura donné naissance à des circonstances que nul n'eût pu ou n'eût osé prévoir.

Écrites dans les conditions que nous avons dites, ces pages offriront donc plus d'un exemple de résultats se produisant absolument contraires à ceux prévus et attendus.

L'auteur aurait pu revoir son travail à ce point de vue et, conformant plus ou moins le *passé* aux *faits accomplis*, se montrer ainsi facilement prophète : il ne l'a pas voulu. C'eût été, en effet, enlever à ce travail le seul mérite qu'il ait et déjà défini : permettre au lecteur de suivre l'insurrection heure par heure, dans tous ses actes, d'apprécier les événements et les mille bruits vrais ou faux, fondés ou non, éclos de l'aube au soir, d'interroger sur ces actes, sur ces événements la presse et l'opinion dont il aura chaque soir l'impression. Tel est le but et le but unique que l'auteur s'est proposé. L'a-t-il atteint? Il l'espère.

Paris, le 5 juin 1871.

PARIS
SOUS LA COMMUNE
EN 1871.

Paris, le 18 mars 1871.

Je n'ai pas à refaire ici l'historique de l'affaire des canons de Montmartre. Je n'ai pas à rappeler davantage comment, sous le prétexte de les mettre à l'abri d'un coup de main des Prussiens pendant leur apparition aux Champs-Élysées et à la place de la Concorde, quelques bataillons de la garde nationale, dévalisant les parcs d'artillerie, en avaient nuitamment emmené et installé les batteries sur les buttes Montmartre; comment, plus tard, et lorsque ce prétexte avait disparu avec la cause, les mêmes bataillons refusèrent de rendre les canons, alléguant que la défense de la République, menacée par la « Réaction » et le gouvernement lui-même, exigeait que l'artillerie restât confiée à leur garde. Ce déplorable état de choses est connu de tous. Ce qu'on sait encore, c'est que ces gardes nationaux rebelles obéissent à un prétendu Comité central qui affirme être l'élu et le représentant de la garde nationale, et en avoir reçu un mandat sans limite, au nom de la population parisienne.

Quoi qu'il en soit, une pareille situation, en se prolongeant, ne peut que grandir ses difficultés, et, dès qu'il est démontré qu'une solution amiable est devenue impossible, les pouvoirs publics doivent, sans hésiter, la demander à la force.

Le gouvernement s'y est résolu, et les dispositions définitives à prendre ont été arrêtées hier, dans les derniers conseils tenus à Versailles.

Ce matin, à la pointe du jour, le rappel était battu dans tous les quartiers, et en même temps le gouvernement faisait afficher la proclamation suivante :

PROCLAMATION DU GOUVERNEMENT.

Habitants de Paris,

Nous nous adressons encore à vous, à votre raison et à votre patriotisme, et nous espérons que nous serons écoutés.

Votre grande cité, qui ne peut vivre que par l'ordre, est profondément troublée dans quelques quartiers, et le trouble de ces quartiers, sans se propager dans les autres, suffit cependant pour y empêcher le retour du travail et de l'aisance.

Depuis quelque temps, des hommes malintentionnés, sous prétexte de résister aux Prussiens, qui ne sont plus dans vos murs, se sont constitués les maîtres d'une partie de la ville, y ont élevé des retranchements, y montent la garde, vous forcent à la monter avec eux par ordre d'un comité occulte, qui prétend commander seul à une partie de la garde nationale, méconnaît ainsi l'autorité du général d'Aurelle, si digne d'être à votre tête, et veut former un gouvernement en opposition au gouvernement légal, institué par le suffrage universel.

Ces hommes qui vous ont déjà causé tant de mal, que vous avez dispersés vous-mêmes au 31 octobre, affichent la prétention de vous défendre contre les Prussiens, qui n'ont fait que paraître dans vos murs et dont ces désordres retardent le départ définitif; braquent des canons qui, s'ils faisaient feu, ne foudroieraient que vos maisons, vos enfants et vous-mêmes; enfin, compromettent la République, au lieu de la défendre, car, s'il s'établissait dans l'opinion de la France que la République est la compagne nécessaire du désordre, la République serait perdue. Ne les croyez pas, et écoutez la vérité que nous vous disons en toute sincérité.

Le gouvernement institué par la nation tout entière aurait déjà pu reprendre ces canons dérobés à l'État et qui en ce moment ne menacent que vous, enlever ces retranchements ridicules qui n'arrêtent que le commerce, et mettre sous la main de la justice les criminels qui ne craindraient pas de faire succéder la guerre civile à la guerre étrangère; mais il a voulu donner aux hommes trompés le temps de se séparer de ceux qui les trompent.

Cependant le temps qu'on a accordé aux hommes de bonne foi pour se séparer des hommes de mauvaise foi est pris sur votre repos, sur votre bien-être, sur le bien-être de la France tout entière. Il faut donc ne pas le prolonger indéfiniment. Tant que durera cet état de choses, le commerce est arrêté, vos boutiques sont désertes, les commandes qui viendraient de toutes parts sont suspendues, vos bras sont oisifs, le crédit ne renaît pas, les capitaux, dont le gouvernement a besoin pour délivrer le territoire de la présence de l'ennemi, hésitent à se présenter.

Dans votre intérêt même, dans celui de votre cité comme dans celui de la France, le gouvernement est résolu à agir. Les coupables, qui ont prétendu instituer un gouvernement à eux, vont être livrés à la justice régulière. Les canons dérobés à l'État vont être rétablis dans les arsenaux, et, pour exécuter cet acte urgent de justice et de raison, le gouvernement compte sur votre concours.

Que les bons citoyens se séparent des mauvais; qu'ils aident à la force publique au lieu de lui résister : ils hâteront ainsi le retour de l'aisance dans la cité et rendront service à la République elle-même, que le désordre ruinerait dans l'opinion de la France.

Parisiens, nous vous tenons ce langage parce que nous estimons votre bon sens, votre sagesse, votre patriotisme ; mais, cet avertissement donné, vous nous approuverez de recourir à la force, car il faut à tout prix, et sans un jour de retard, que l'ordre, condition de votre bien-être, renaisse entier, immédiat, inaltérable.

Paris, 17 mars 1871.

THIERS, président du Conseil, chef du pouvoir exécutif de la République;

DUFAURE, ministre de la justice; E. PICARD, intérieur; POUYER-QUERTIER, finances; FAVRE, affaires étrangères; général LE FLÔ, guerre; amiral POTHUAU, marine; J. SIMON, instruction publique; DE LARCY, travaux publics; LAMBRECHT, commerce.

Ce document est lu avidement.

Mais déjà les premiers renseignements arrivent sur les événements du matin.

Ici, les circonstances de temps, de lieux et d'heures ont leur intérêt.

C'est sur la place de la Bourse et les boulevards que se concentrent les informations dans les moments décisifs.

Je m'y rends.

Il est 8 heures quand j'y arrive.

Voici ce que j'apprends :

Dès la première heure, toutes les grandes voies qui avoisinent les buttes Montmartre étaient occupées militairement par les troupes régulières.

La nuit avait été des plus froides ; un brouillard intense avait chassé la plupart des gardes nationaux de service aux buttes, en sorte que le poste préposé à la garde des canons, qui devait être fort de deux à trois cents hommes, en comptait à peine soixante.

Se précipiter sur ce poste endormi, désarmer les sentinelles et se rendre maîtres de la position, fut pour nos soldats l'affaire de quelques instants.

Ceci se passait entre 3 et 4 heures du matin.

Tout semblait terminé, et, en effet, les heures s'écoulent, sans qu'aucun incident nouveau soit signalé.

Des groupes partout, des conversations animées, la foule grossissant sur tous les points, et c'est tout.

Vers 8 heures 1/2, des attelages disposés à cet effet arrivent aux buttes, sans difficultés sérieuses, et se mettent en devoir d'emmener les canons pour les réintégrer dans les arsenaux.

Il est 10 heures. — Tout-à-coup le bruit se répand dans l'intérieur de Paris que la garde nationale a repris l'offensive, que les buttes sont de nouveau en son pouvoir, que la troupe a levé la crosse en l'air et fraternise avec les émeutiers.

Que s'était-il donc passé?

Le voici :

Les attelages amenés par l'artillerie étaient arrivés tard et en nombre insuffisant. Les rebelles avaient mis à profit le temps perdu entre la prise de la position et l'enlèvement des pièces. Le rappel, la générale avaient été battus, et de toutes parts leur arrivaient des renforts. Cependant une partie des pièces, les unes attelées, les autres traînées par les artilleurs eux-mêmes, est mise en mouvement et quitte les buttes. Le convoi parvient sans encombre rue des Abbesses, à la hauteur de la rue Lepic.

Là, il est arrêté par des gardes nationaux et des femmes massés en grand nombre sur ce point. C'est en vain que la troupe qui le protége essaye de s'engager dans la rue Lepic pour gagner la rue Blanche ; cédant à la force et au nombre, elle abandonne les pièces à l'émeute qui les conduit sur la place de la mairie de Montmartre. Mais cet abandon, dans la pensée du chef militaire qui commande l'expédition, le général Lecomte, est momentané. Il se replie, se reforme, gagne la rue Blanche et la rue de Douai, se dirigeant vers la place Pigalle, et ayant pour objectif la place de la mairie, à Montmartre, où il espère reprendre les canons.

Les émeutiers pressentent le mouvement et vont au-devant de la troupe, qu'ils attendent à la place Pigalle, où la rencontre a lieu entre les insurgés et l'expédition.

Leurs rangs ont encore grossi.

Les gardes adjurent la troupe de déposer les armes, de ne point tirer sur le peuple, sur « des frères ». Les femmes mêlent leurs instantes prières à celles des hommes.

A ce moment, un coup de feu, parti des rangs de la garde nationale, étend roide mort un officier de chasseurs. Quelques autres coups suivent, et la garde républicaine et les gendarmes rendent ces coups isolés.

Presque en même temps, un grand tumulte se produit. Des soldats se mêlent à la garde nationale. La confusion est extrême. Tout-à-coup, le général Lecomte est violemment séparé de son état-major, entouré, enlevé de son cheval et conduit au Château-Rouge avec un certain nombre de gendarmes et de sergents de ville faits prisonniers.

A partir de ce moment, le désordre est complet dans les rangs des soldats de la ligne, qui, refusant de se battre, fuient par groupes ou isolément dans toutes les directions, la crosse en l'air. Quelques-uns passent à l'émeute.

La chaussée Clignancourt est la grande voie qui sépare Montmartre de la Chapelle. Des troupes nombreuses avaient été préposées à sa garde. Elles avaient pour mission d'empêcher les gardes nationaux de venir renforcer les bataillons de Montmartre. Or, là aussi ces troupes se laissèrent gagner par les gardes nationaux. Elles firent plus : elles leur remirent leurs armes, leurs munitions et leur équipement.

On cite les numéros des régiments qui ont ainsi déserté le devoir et le drapeau : ce seraient les 88ᵉ et 120ᵉ de ligne.

Je me hâte de dire que leurs officiers et sous-officiers n'ont, à aucun degré, pactisé avec l'insurrection, et que tous ont rejoint les rangs de l'armée.

Avec quelques variantes, les mêmes faits se sont reproduits sur d'autres points, à la Villette, par exemple, à la place Royale, etc.

Voilà comment cette défection de la ligne redonna aux bataillons rebelles de la garde nationale la position qui leur avait été si habilement enlevée le matin, et comment ils devinrent de nouveau maîtres absolus des hauteurs.

Tout cela s'était passé entre 8 heures 1/2 et 9 heures 1/2.

Dès le matin, les principaux points de Paris avaient été occupés par des troupes : la place de la Concorde, le Luxembourg, le Panthéon, l'Hôtel de ville, le Palais de justice, la place de la Bastille, avaient reçu de forts détachements. A midi, ces troupes recevaient l'ordre de regagner leurs casernements respectifs, et étaient remplacées par les bataillons de la garde nationale de Montmartre, de Belleville et de la Villette.

La place de la Bastille est le point occupé le premier. Le 66ᵉ bataillon s'y rend vers deux heures environ, et l'un des gardes, monté sur la plate-forme de la colonne, agite un drapeau rouge.

A la même heure, le bruit se répandait que le général Clément Thomas, ancien commandant supérieur des gardes nationales de la Seine, reconnu en bourgeois sur le boulevard extérieur, aurait été arrêté et retenu prisonnier par les insurgés.

Quelques instants plus tard, on apprenait que les généraux Lecomte et Clément Thomas auraient été fusillés.

Ce double assassinat soulève l'indignation publique.

3 heures. — Le gouvernement fait afficher la nouvelle proclamation suivante :

Gardes nationaux de Paris,

On répand le bruit absurde que le gouvernement prépare un coup d'État.

Le gouvernement de la République n'a et ne peut avoir d'autre but que le salut de la République.

Les mesures qu'il a prises étaient indispensables au maintien de l'ordre : il a voulu et il veut en finir avec un comité insurrectionnel, dont les membres, presque tous inconnus à la population, ne représentent que les doctrines communistes et mettraient Paris au pillage et la France au tombeau, si la garde nationale et l'armée ne se levaient pour défendre, d'un commun accord, la Patrie et la République.

Paris, le 18 mars 1871.

A. Thiers, Dufaure, E. Picard, Jules Favre, Jules Simon, Pouyer-Quertier, général le Flô, amiral Pothuau, Lambrecht, de Larcy.

Le rappel et la générale, battus sur les hauteurs par les ordres du Comité depuis le matin, continuent à l'être dans l'intérieur par les ordres du gouvernement.

A 4 heures 1/2, on affirme dans tous les cercles politiques que le gouvernement, ne se sentant point en sécurité à Paris, a résolu de se retirer à Versailles où il avisera. Impuissant dans les circonstances à faire triompher son autorité, il a le devoir, dit-on, de ne point la compromettre.

Cette détermination, approuvée ici et blâmée là, aura pour corollaire le départ, cette nuit même, de toutes les forces publiques également dirigées sur Versailles. On dit aussi que tous les services de l'État et de la ville suivront.

A mesure que la soirée s'avance, s'accroît l'audace facile des insurgés. Les troupes ayant évacué leurs positions du matin, ainsi que je l'ai dit, les bataillons du Comité occupent successivement, après la Bastille, les boulevards Richard-Lenoir, du Prince-Eugène, la Place de la Concorde, etc.

A 8 heures cependant, la place Vendôme, occupée depuis le matin par un bataillon de l'ordre, n'avait pas encore reçu la visite des insurgés.

A 8 heures 1/2, deux bataillons de Montmartre, forts de 2,500 à 3,000 hommes, se présentent à l'entrée de la rue de la Paix : ils viennent prendre possession de cette place. Ils invitent le commandant à les imiter et à mettre la crosse en l'air.

Le commandant répond à cette invitation et à la menace de passer outre en faisant charger les armes. Cette attitude énergique en impose aux insurgés de Montmartre. On parlemente. — Mais l'ordre arrive de l'état-major de céder la place. Cet ordre est à lui seul la confirmation de tout ce qui est affirmé depuis quelques heures, de l'abandon momentané de Paris par le gouvernement.

Telle a été cette journée du 18 mars qui marquera parmi les plus douloureuses de notre histoire.

Au moment où j'en termine ce rapide résumé, l'assassinat des généraux Lecomte et Clément Thomas ne fait plus aucun doute. Les victimes ont été fusillées, sans même un semblant de jugement, au n° 6 de la rue des Rosiers.

19 Mars.

Paris s'éveille ce matin sous un maître qu'on lui affirme s'être donné lui-même.

Le prétendu Comité central de la garde nationale occupe, par ceux des bataillons qui lui obéissent, toutes les positions importantes de Paris, l'Hôtel de ville, la plupart des ministères, la préfecture de police, etc. Le drapeau rouge flotte sur le palais municipal.

Le nouveau gouvernement de Paris a fait afficher ce matin les proclamations suivantes :

RÉPUBLIQUE FRANÇAISE.
Liberté, Égalité, Fraternité.

AU PEUPLE.

Citoyens,

Le peuple de Paris a secoué le joug qu'on essayait de lui imposer.

Calme, impassible dans sa force, il a attendu sans crainte comme sans provocation les fous éhontés qui voulaient toucher à la République.

Cette fois, nos frères de l'armée n'ont pas voulu porter la main sur l'arche sainte de nos libertés. Merci à tous, et que Paris et la France jettent ensemble les bases d'une République acclamée avec toutes ses conséquences, le seul gouvernement qui fermera pour toujours l'ère des invasions et des guerres civiles.

L'état de siège est levé.

Le peuple de Paris est convoqué dans ses sections pour faire ses élections communales. La sûreté de tous les citoyens est assurée par le concours de la garde nationale.

Hôtel de Ville. Paris, ce 19 mars 1871.

Le Comité central de la garde nationale,

Assi, Billioray, Ferrat, Babick, Ed. Moreau, Ch. Dupont, Varlin, Boursier, Mortier, Gouhier, Lavallette, Fr. Jourde, Rousseau, Ch. Lullier, Blanchet, J. Grollard, Barroud, H. Geresme, Fabre, Pougeret.

RÉPUBLIQUE FRANÇAISE.
Liberté, Égalité, Fraternité.

AUX GARDES NATIONAUX DE PARIS.

Citoyens,

Vous nous aviez chargés d'organiser la défense de Paris et de vos droits.

Nous avons conscience d'avoir rempli cette mission : aidés par votre généreux courage et votre admirable sang-froid, nous avons chassé ce gouvernement qui nous trahissait.

A ce moment, notre mandat est expiré, et nous vous le rapportons, car nous ne prétendons pas prendre la place de ceux que le souffle populaire vient de renverser.

Préparez donc et faites de suite vos élections communales, et donnez-nous pour récompense la seule que nous ayons jamais espérée : celle de vous voir établir la véritable République.

En attendant, nous conservons, au nom du peuple, l'Hôtel de ville.

Hôtel de Ville. Paris, le 19 mars 1871.

Le Comité central de la garde nationale,

Assi, Billioray, Ferrat, Babick, Ed. Moreau, Ch. Dupont, Varlin, Boursier, Mortier, Gouhier, Lavallette, Fr. Jourde, Rousseau, Ch. Lullier, Blanchet, J. Grollard, Barroud, H. Géresme, Fabre, Pougeret.

Paris surpris, stupéfait, épelle sur les murs les noms des hommes qui se prétendent ses mandataires et osent l'imprimer.

On ne saurait mieux traduire l'impression publique à cette lecture que ne le fait en ces termes le *Journal des Débats :*

Qu'est-ce que c'est que ce comité central de la garde nationale qui s'arroge le droit d'occuper l'Hôtel de ville au nom du peuple? Qui de nous l'a nommé? Qui de nous a seulement soupçonné la formation de ce pouvoir occulte qui se prétend aujourd'hui institué par nous? De quel droit ces gens-là se permettent-ils de nous appeler autour de leurs urnes dérisoires? Quel honnête homme osera porter son vote à ce scrutin que n'a pas ordonné la seule autorité légitime qui existe aujourd'hui en France ? Quel est ce gouvernement qui, en s'adressant au peuple et à la garde nationale, ne trouve pas un mot pour désavouer et flétrir les assassins du général Lecomte et du général Clément Thomas ? Quels sont ces gouvernants qui débutent par anéantir à la préfecture de police les dossiers judiciaires où la biographie de plusieurs d'entre eux était sans doute trop fidèlement écrite ? Le gouvernement provisoire du 24 février comptait dans son sein un Lamartine et un Arago. Le gouvernement provisoire de 1870 pouvait s'enorgueillir de l'éloquence de Jules Favre et de l'esprit fin et politique d'Ernest Picard. Le coup d'État du 18 mars est fait par Assi, le désorganisateur du travail, et par des gens dont leurs janissaires eux-mêmes n'avaient jamais entendu prononcer les noms. Et voilà les hommes qui prétendent imposer silence aux représentants légitimes de la France entière, élus il n'y a pas six semaines ! Non, en vérité, nous ne pouvons pas supporter une telle humiliation ; et, en attendant que justice soit faite de cette odieuse insurrection, nous protestons de toutes les forces de notre honneur et de notre conscience, et nous disons bien haut aux tristes héros du 18 mars : Vous n'avez pas le droit de parler au nom de Paris, qui ne vous connaît pas. Personne ne sait qui vous êtes, excepté ceux qui le savent trop bien. Hâtez-vous de vous retirer devant l'indignation publique et de rentrer dans la foule, dont vous n'auriez jamais dû sortir. Paris ne vous obéira pas ! Nous ne connaissons qu'un pouvoir, l'Assemblée nationale ; c'est autour d'elle que nous nous rangeons ; c'est elle seule qui a le droit de commander en France. Nous ne reconnaissons pas d'autre autorité que celle qu'elle exerce ou qu'elle délègue. Quant à vous, comité central, retirez-vous !

De leur côté le gouvernement, le chef du pouvoir exécutif et la plupart des ministres ont quitté Paris cette nuit. Aujourd'hui sont partis ceux qui, ayant l'obligation de demeurer quelques heures de plus pour le transfèrement de leurs services, n'ont pu le faire hier; le surplus des troupes a également évacué la capitale. Paris, à l'heure actuelle, est donc livré à lui-même. Bien plus, il est livré à l'insurrection; il appartient à une poignée d'intrigants de bas étage qui prétendent le gouverner et en disposer selon leur bon plaisir. Telle est l'indiscutable et douloureuse vérité.

A la stupéfaction qui s'est emparée des esprits en présence de cette situation absolument nouvelle et dont chacun commence à peine à se rendre compte, a succédé l'examen des causes qui ont amené cet état de choses.

Le sentiment général, c'est que si, dans l'expédition d'hier, la troupe de ligne eût été appuyée par la garde nationale de l'ordre, elle eût fait son devoir.

Dans certains groupes politiques, on fait peser la responsabilité du défaut de concours de la garde nationale sur le gouvernement seul.

Dans d'autres, au contraire, c'est la garde nationale qui est seule coupable : le gouvernement l'a appelée, elle n'est point venue.

Ceux qui font retomber sur le pouvoir tout le poids de l'insuccès lui reprochent de n'avoir pas fait prévenir les officiers, non la veille, ce qui eût pu avoir son danger, mais vers une heure ou deux du matin. Il s'agissait là, dit-on, d'un service exceptionnel qui devait être commandé à domicile, sauf, le moment venu, à compléter la convocation par le rappel. En d'autres temps, le rappel et la générale eussent pu suffire. Au lendemain du siége, durant lequel on avait abusé de ce moyen à ce point qu'il était dès alors devenu absolument inefficace, l'autorité devait savoir qu'il resterait sans effet.

Quant à la première proclamation, ils font remarquer que, datée du 17, ce n'est que le 18 au matin qu'elle était affichée. Elle n'était donc pas plus connue de la garde nationale que les causes de l'appel aux armes qu'elle avait pour but d'appuyer.

A cela il est répondu par ceux qui blâment l'abstention de la garde nationale que sa prétendue ignorance ne saurait se soutenir et qu'il faut chercher ailleurs le motif de cette abstention. Ils l'y cherchent en effet. Ils le trouvent, savez-vous où?

Dans la loi sur les échéances votée à Bordeaux.

Je n'ai point ici à rechercher les imperfections de cette loi. Elle en a sans doute puisque, dit-on, elle ne donne satisfaction à aucune des diverses classes d'intéressés pour lesquelles elle a été faite. Mais vous m'accorderez que, si la garde nationale devait, pour justifier sa conduite, se retrancher derrière ces imperfections d'une loi dont il était si facile au commerce et à l'industrie d'obtenir la révision, elle risquerait fort de se voir refuser tout pardon.

Décidément, j'aime mieux croire à l'ignorance absolue, de la part de la garde nationale, des causes pour lesquelles elle était convoquée, que d'admettre le prétexte de la loi sur les échéances. Elle restera coupable de ne s'être point enquise du but de la convocation, et c'est assez, aujourd'hui qu'elle a pu apprécier les premières conséquences du non-accomplissement de son devoir.

La journée a été relativement calme.

Les groupes sont nombreux sur tous les points et notamment sur les boulevards.

Les quelques édifices affectés aux services publics, dont l'insurrection ne s'était point encore emparée hier, ont été occupés par elle aujourd'hui. Ce soir elle est en possession de tout Paris, officiellement parlant.

20 mars.

Le Comité central s'est emparé cette nuit de l'imprimerie du *Journal officiel*, des presses et de tout le matériel.

Il a nommé un « délégué » à la direction de cette feuille qu'il fait sienne.

Le premier document inséré en tête du numéro de ce jour, 20 mars, est une nouvelle proclamation portant en tête : « *Fédération républicaine de la garde nationale, organe du Comité central.* »

Le Comité cherche à expliquer les origines de son prétendu mandat, se complaisant à insister sur la générosité et la mansuétude avec lesquelles il l'a exercé, en réponse aux provocations du gouvernement qui n'a pas craint, dit-il, de « tenter l'essai du plus épouvantable des crimes : la guerre civile ».

Quant aux lâches assassinats des généraux Clément Thomas et Lecomte, le Comité n'a pas trouvé un mot pour les flétrir. Il se borne à en décliner la responsabilité en délarant que « jamais un arrêt d'exécution n'a été signé » par lui.

Voici dans son entier cet audacieux et menteur document :

FÉDÉRATION RÉPUBLICAINE DE LA GARDE NATIONALE,
ORGANE DU COMITÉ CENTRAL.

Si le Comité central de la garde nationale était un gouvernement, il pourrait, pour la dignité de ses électeurs, dédaigner de se justifier. Mais, comme sa première affirmation a été de déclarer « qu'il ne prétendait pas prendre la place de ceux que le souffle populaire avait renversés », tenant à simple honnêteté de rester exactement dans la limite expresse du mandat qui lui a été confié, il demeure un composé de personnalités qui ont le droit de se défendre.

Enfant de la République qui écrit sur sa devise le grand mot de : Fraternité, il pardonne à ses détracteurs ; mais il veut persuader les honnêtes gens qui ont accepté la calomnie par ignorance.

Il n'a pas été occulte : ses membres ont mis leurs noms à toutes ses affiches. Si ces noms étaient obscurs, ils n'ont pas fui la responsabilité, — et elle était grande.

Il n'a pas été inconnu, car il était issu de la libre expression des suffrages de deux cent quinze bataillons de la garde nationale.

Il n'a pas été fauteur de désordres, car la garde nationale, qui lui a fait l'honneur d'accepter sa direction, n'a commis ni excès ni représailles, et s'est montrée imposante et forte par la sagesse et la modération de sa conduite.

Et pourtant les provocations n'ont pas manqué ; et pourtant le gouvernement n'a cessé, par les moyens les plus honteux, de tenter l'essai du plus épouvantable des crimes : la guerre civile.

Il a calomnié Paris et ameuté contre lui la province.

Il a amené contre nous nos frères de l'armée, qu'il a fait mourir de froid sur nos places, tandis que leurs foyers les attendaient.

Il a voulu nous imposer un général en chef.

Il a, par des tentatives nocturnes, tenté de nous désarmer de nos canons, après avoir été empêché par nous de les livrer aux Prussiens.

Il a enfin, avec le concours de ses complices effarés de Bordeaux, dit à Paris : « Tu viens de te montrer héroïque; or nous avons peur de toi, donc nous t'arrachons ta couronne de capitale. »

Qu'a fait le Comité central pour répondre à ces attaques ? Il a fondé la Fédération; il a prêché la modération, — disons le mot, — la générosité; au moment où l'attaque armée commençait, il disait à tous : « Jamais d'agression, et ne ripostez qu'à la dernière extrémité! »

Il a appelé à lui toutes les intelligences, toutes les capacités; il a demandé le concours du corps d'officiers; il a ouvert sa porte chaque fois que l'on y frappait au nom de la République. De quel côté était donc le droit et la justice? De quel côté était la mauvaise foi?

Cette histoire est trop courte et trop près de nous pour que chacun ne l'ait pas encore à la mémoire. Si nous l'écrivons à la veille du jour où nous allons nous retirer, c'est, nous le répétons, pour les honnêtes gens qui ont accepté légèrement des calomnies dignes seulement de ceux qui les avaient lancées.

Un des plus grands sujets de colère de ces derniers contre nous est l'obscurité de nos noms. Hélas! bien des noms étaient connus, très-connus, et cette notoriété nous a été bien fatale!...

Voulez-vous connaître un des derniers moyens qu'ils ont

employés contre nous? Ils refusent du pain aux troupes qui ont mieux aimé se laisser désarmer que de tirer sur le peuple, et ils nous appellent assassins, eux qui punissent le refus d'assassinat par la faim !

D'abord, nous le disons avec indignation : la boue sanglante dont on essaye de flétrir notre honneur est une ignoble infamie. Jamais un arrêt d'exécution n'a été signé par nous ; jamais la garde nationale n'a pris part à l'exécution d'un crime.

Quel intérêt y aurait-elle? Quel intérêt y aurions-nous?

C'est aussi absurde qu'infâme.

Au surplus, il est presque honteux de nous défendre. Notre conduite montre, en définitive, ce que nous sommes. Avons-nous brigué des traitements ou des honneurs? Si nous sommes inconnus, ayant pu obtenir, comme nous l'avons fait, la confiance de deux cent quinze bataillons, n'est-ce pas parce que nous avons dédaigné de nous faire une propagande? La notoriété s'obtient à bon marché : quelques phrases creuses ou un peu de lâcheté suffit ; un passé tout récent l'a prouvé.

Nous, chargés d'un mandat qui faisait peser sur nos têtes une terrible responsabilité, nous l'avons accompli sans hésitation, sans peur, et, dès que nous voici arrivés au but, nous disons au peuple qui nous a assez estimés pour écouter nos avis, qui ont souvent froissé son impatience : « Voici le mandat que tu nous as confié : là où notre intérêt personnel commencerait, notre devoir finit ; fais ta volonté. Mon maître, tu t'es fait libre. Obscurs il y a quelques jours, nous allons rentrer obscurs dans tes rangs, et montrer aux gouvernants que l'on peut descendre, la tête haute, les marches de ton Hôtel de Ville, avec la certitude de trouver au bas l'étreinte de ta loyale et robuste main. »

Les membres du Comité central,

ANT. ARNAUD, ASSI, BILLIORAY, FERRAT, BABICK, ÉDOUARD MOREAU, C. DUPONT, VARLIN, BOURSIER, MORTIER, GOUHIER, LAVALLETTE, FR. JOURDE, ROUSSEAU, CH. LULLIER, HENRY FORTUNÉ, G. ARNOLD, VIARD, BLANCHET, J. GROLLARD, BARROUD, H. GÉRESME, FABRE, POUGERET, BOUIT.

Les journaux du soir, d'ailleurs, se bornent en général à reproduire cette proclamation et ne l'accompagnent d'aucun commentaire. Ce n'est point qu'ils n'aient rien à en dire. Loin de là. L'explication de ce silence est donnée par une de ces feuilles. « Ne reconnaissant aucune autorité, dit la *Gazette de France*, aux individus qui ont signé cet acte, le discuter serait superflu. »

Toutefois cette feuille ne peut se contenir et laisser passer sous silence cette affirmation que le Comité central « est l'expression de deux cent quinze bataillons de la garde nationale ». Elle demande avec raison qu'on produise la preuve du vote : les procès-verbaux.

La vérité est que l'existence du *Comité central* a été révélée à la population, pour la première fois, par la proclamation du gouvernement, du 17, affichée le 18, et la *Fédération républicaine de la garde nationale*, qui est, paraît-il, « l'organe dudit Comité », pour la première fois, ce matin 20, par la proclamation qui porte ce titre en tête.

*

Un décret de nos nouveaux maîtres convoque les électeurs pour après-demain *mercredi* 22, à l'effet d'élire un *Conseil communal*.

La population eût été aussi bien préparée à ces élections demain, ce soir même, qu'après-demain. Messieurs de l'Hôtel-de-Ville, vos jours sont comptés, parcimonieusement, je l'espère, et vous venez d'en perdre un.

*

Pour diriger des opérations électorales, ou au moins élaborer les instructions nécessaires, la haute administration doit fonctionner. Un sieur Grêlier nous apprend par l'organe du journal du Comité qu'il est « délégué au ministère de l'intérieur ».

*

Émus de la situation faite à la population de Paris par suite des derniers événements, une partie des députés de la Seine, unis aux maires et adjoints de 18 arrondissements, ont fait afficher ce soir une proclamation. Ils croient que les mesures propres à ramener « le calme dans les esprits » consisteraient à laisser à la garde nationale le choix de son général en chef, et à donner à Paris le droit d'élire un conseil municipal. Les signataires annoncent qu'ils vont aujourd'hui même saisir l'Assemblée d'une proposition dans ce sens.

*

Le calme continue à régner à la surface.

21 mars.

La presse parisienne, affirmant le gouvernement issu de la volonté nationale, qui siége à Versailles et qu'une poignée d'émeutiers, heureux autant que coupables dans la douloureuse journée du 18 mars, aspire à renverser, vient de protester solennellement contre le premier acte sérieux d'autorité essayé par les hommes de l'Hôtel-de-Ville.

Voici la déclaration que publient en tête de leurs colonnes, aujourd'hui, 27 journaux, à l'occasion des élections qui doivent avoir lieu demain.

AUX ÉLECTEURS DE PARIS.

DÉCLARATION DE LA PRESSE.

Attendu que la convocation des électeurs est un acte de la souveraineté nationale ;

Que l'exercice de cette souveraineté n'appartient qu'aux pouvoirs émanés du suffrage universel ;

Que, par suite, le Comité qui s'est installé à l'Hôtel de Ville n'a ni droit ni qualité pour faire cette convocation :

Les représentants des journaux soussignés considèrent la convocation affichée pour le 22 mars comme nulle et non avenue et engagent les électeurs à n'en pas tenir compte.

Étaient présents et ont adhéré

LES JOURNAUX DU MATIN :
Journal des Débats,
Constitutionnel,
Electeur libre,
Petite Presse,
Vérité,
Figaro,
Gaulois,
Paris-Journal,
Petit-National,
Monde,

LES JOURNAUX DU SOIR :
Presse,
France,

Liberté,
Pays,
National,
Univers,
Cloche,
Patrie,
Français,
Bien public,
Union,
Opinion nationale,
Journal des Villes et Campagnes,
Journal de Paris,
Moniteur universel,
France nouvelle,
Gazette de France.

Le journal du citoyen Assi et consorts contient ce matin divers avis ou proclamations sans grande importance.

Il est cependant une disposition qui attirera l'attention.

C'est celle qui prescrit à « chaque caporal d'escouade de veiller à ce qu'aucun étranger ne se glisse dans ses rangs, caché sous l'uniforme de la garde nationale », car, dit la Fédération républicaine, « de nombreux repris de justice, rentrés à Paris, pourraient bien commettre quelques attentats à la propriété. »

C'est là, de la part du Comité, une haute prévoyance. Il prépare sa défense, mais enfin voilà Paris averti. La garde qui veille sur lui compte de nombreux repris de justice. Rien de moins rassurant.

*

On continue à rencontrer de nombreux gardes nationaux chargés chacun de deux et de trois fusils, quelques-uns de pistolets d'arçon. Ces armes proviennent des succursales de nos arsenaux! Elles sont délivrées sur récépissé signé du premier venu qui justifie appartenir à l'un des bataillons au service du Comité central. Les fusils sont ou des chassepots ou de ceux dits tabatières.

*

Vers 3 heures, les boulevards sont très-animés. On y parle d'une manifestation de l'ordre qui s'organise. Elle apparaît en effet. Elle est sans armes et composée de gardes nationaux, d'ouvriers, de bourgeois. Elle traverse les boulevards, la rue Vivienne. Un drapeau tricolore la précède. On lit sur ce drapeau : *Réunion des hommes d'ordre. Vive la France! Vive la République!* Sur la place de la Bourse, dès que le caractère de cette manifestation est reconnu, elle est accueillie avec un enthousiasme indescriptible, acclamée par tous les habitants. Rue Montmartre, au boulevard du même nom, elle est saluée des vivats les plus chaleureux; partout, sur son passage, s'agitent les chapeaux et les mouchoirs. Ses rangs grossissent à chaque pas. A la Madeleine, où je la laisse continuant sa marche, pour me diriger sur un autre point, cette imposante manifestation ne comptait pas moins de 3 à 4,000 personnes de toutes les conditions.

A 5 heures, je traverse la place Vendôme; elle est de plus en plus fortement occupée par les gardes nationaux aux ordres du Comité.

Il en est de même aux abords de l'Hôtel de ville, où de nombreuses pièces d'artillerie sont braquées dans toutes les directions.

*

Un détail : En prenant possession de l'Hôtel de ville, le Comité a pris aussi possession..... de la caisse.

*

9 heures du soir. — Je reviens au boulevard Montmartre. La rue Drouot, où se trouve la mairie du 9ᵉ arrondissement, est gardée par plusieurs bataillons

des hauteurs. Ce sont ces bataillons qui fournissent les patrouilles chargées du maintien de l'ordre sur les boulevards et dans les rues avoisinantes. Une foule énorme stationne sur la voie publique ; une patrouille passe, elle subit quelques apostrophes de la foule qui crie : « *Au travail ! Vive l'ordre !* etc. » A l'instant même deux coups de feu se font entendre. Cette double détonation produit immédiatement le vide sur le boulevard, d'où on se rejette dans les rues adjacentes. Je n'ai point appris que personne ait été atteint.

La nuit se passe sans qu'on entende le canon qui est, paraît-il, un des moyens de correspondre entre les différents chefs de l'insurrection, établis sur divers points de Paris.

22 mars.

Le *Journal officiel* de Versailles nous apporte ce matin le compte rendu d'une excellente séance du seul vrai et légitime pouvoir de la malheureuse France, séance dans laquelle l'Assemblée nationale a adressé au pays une proclamation digne de lui et digne de ses mandataires. Elle est entre vos mains en ce moment, sans doute sur tous vos murs. A l'heure où j'écris elle n'est point encore affichée ici.

✳

C'est aujourd'hui qu'en vertu des ordres de nos gouvernants de hasard devait avoir lieu l'élection des membres du conseil municipal de Paris. Des instructions promises n'avaient point été données. La presse tout entière avait protesté, et l'on pensait que le Comité qui trône à l'Hôtel de ville avait renoncé à cette plaisanterie. On se trompait. Le *Journal officiel* de ce matin contient un décret qui renvoie l'opération à demain jeudi, 23.

*

C'est parce que la presse parisienne avait engagé les électeurs à s'abstenir qu'on ajourne l'élection à demain. On craignait que les conseils de la presse ne fussent suivis. Cette crainte, le Comité ne l'a plus. Il vient, en effet, d'adresser un *avertissement* à la presse, dans lequel il lui dit son fait.

Ce document, curieux à plus d'un titre, mérite les honneurs de la reproduction.

Le voici tel que je le copie dans le *Journal officiel* lui-même.

Il édifiera vos lecteurs en particulier sur les sentiments dont sont animés vis-à-vis de la presse les prétendus représentants de la souveraineté du peuple de Paris.

AVERTISSEMENT.

Après les excitations à la guerre civile, les injures grossières et les calomnies odieuses, devait nécessairement venir la provocation ouverte à la désobéissance aux décrets du gouvernement siégeant à l'Hôtel de ville, régulièrement élu par l'immense majorité des bataillons de la garde nationale de Paris (215 sur 266 environ).

Plusieurs journaux publient, en effet, aujourd'hui une provocation à la désobéissance à l'arrêté du Comité central de la garde nationale, convoquant les électeurs pour le 22 courant, pour la nomination de la commission communale de la ville de Paris.

Voici cette pièce, véritable attentat contre la souveraineté du peuple de Paris, commis par les rédacteurs de la presse réactionnaire :

(Ce document a été par moi relevé à sa date. Voir la journée du 21 mars, page 31.)

Le rédacteur du *Journal officiel* continue :

Comme il l'a déjà déclaré, le Comité central de la garde nationale, siégeant à l'Hôtel de ville, respecte la liberté de la presse, c'est-à-dire le droit qu'ont tous les citoyens de contrôler, de discuter et de critiquer ses actes à l'aide de tous les moyens de publicité ; mais il entend faire respecter les décisions des représentants de la souveraineté du peuple de Paris, et il ne permettra pas impunément que l'on y porte atteinte plus longtemps en continuant à exciter à la désobeissance, à ses décisions et à ses ordres.

Une répression sévère sera la conséquence de tels attentats, s'ils continuent à se produire.

*

4 heures. — On me dit qu'on s'est battu place Vendôme, qu'il y a des morts et des blessés. Je me rends en hâte au boulevard ; c'est de là que je vous expédierai ma lettre.

*

Boulevard des Italiens, 5 heures. — J'ai la douleur de vous confirmer le crime commis par l'insurrection ; mais il faut rectifier. On ne s'est point battu ; non,

mais les misérables qui occupent la place Vendôme
ont tiré, à bout portant, sur une foule sans armes,
inoffensive, dont le seul crime était de demander le
rétablissement de l'ordre et le maintien du respect dû
à la loi : dix morts, un nombre de blessés qu'on ne
peut encore évaluer, sont tombés sous les balles de ces
assassins. Paris est consterné.

23 mars.

Voici les détails que j'ai recueillis sur l'horrible
drame de la place Vendôme :

En se séparant, la manifestation du 21 s'était donné
rendez-vous pour le lendemain à 1 heure, place de la
Madeleine.

Chaque heure accroît la gravité de la situation. La
population le comprend enfin : il n'y a pas une minute
à perdre pour réagir contre les factieux, mais on évi-
tera l'effusion du sang. La manifestation aura donc
lieu sans armes. Hier, elle comptait 4,000 personnes.
On évalue à plus de 20,000 le chiffre de celle d'aujour-
d'hui. Cette foule immense se met en mouvement vers
deux heures. Elle se dirige par les boulevards, en
ordre, lentement et confiante vers la rue de la Paix.
Partout, sur son passage, elle est saluée des plus sympathiques acclamations. Arrivée à la rue de la Paix,
elle s'engage dans cette large voie. Sa marche est bientôt arrêtée par le cordon de sentinelles qui garde la

place et qui croise la baïonnette. L'une des personnes qui se trouvent en tête de la manifestation demande à parlementer. Elle essaye de faire connaître que la population vient pacifiquement demander le concours de l'état-major de la garde nationale pour lui aider à rétablir l'ordre. Soudain quelques coups de feu sont tirés au-dessus de la foule. Était-ce un signal? Nul ne le sait, mais toujours est-il que, sans ordre apparent, au même instant les fusils s'abaissent et une formidable décharge est faite sur la foule : un nouveau crime épouvantable était accompli. Les journaux recueilleront et vous transmettront les noms des victimes. Ce que je sais à l'heure qu'il est, c'est que le nombre des morts serait de 12 et celui des blessés de 40. Les victimes appartiennent à toutes les classes de la société.

*

Je vous disais hier que Paris est consterné. Vous le croyez sans peine; ce ne sont point seulement, en effet, les quartiers de l'insurrection où les magasins, les boutiques, les ateliers, les établissements publics se sont fermés, il en a été de même dans tous les quartiers. Depuis bien longtemps la grande cité n'avait offert un pareil aspect. Je n'en excepte pas les jours douloureux du bombardement. Oh! la guerre civile!

*

Une affiche, apposée ce matin sur les murs de Paris,

renvoie au 26 mars les élections qui, d'hier, avaient été remises à aujourd'hui.

La raison qu'en donne notre prétendu gouvernement, c'est qu'il lui faut avant tout le temps de « briser la résistance » qu'il rencontre, afin que le peuple puisse procéder à ces élections « dans le calme de sa volonté et de sa force ».

La raison vraie, c'est que la population n'eût point répondu à l'appel de cette réunion d'usurpateurs, et que, là où ses complices eussent voulu s'emparer des mairies, ils eussent rencontré la partie saine de la garde nationale pour s'y opposer. Si, dans trois jours, il n'a point encore été fait justice des intrus qui siégent à l'Hôtel de ville, tenez pour certain que les élections n'en auront pas lieu davantage. Ces messieurs chercheront et trouveront un troisième prétexte d'ajournement.

*

Ce soir à 5 heures, c'est-à-dire après vous avoir envoyé ma relation des événements de la journée jusqu'à 4, je croise, sur la place de la Concorde, un bataillon de la garde nationale. Il ne m'est pas difficile de reconnaître qu'il n'appartient pas à ceux qui sont restés fidèles au devoir. Au milieu de ce bataillon armé de chassepots, sont placées 5 ou 6 pièces de canon de gros calibre. Il prend à gauche par le quai d'Orsay. Où se dirige-t-il ? On ne sait et on n'interroge pas. Son passage, rue Royale-Saint-Honoré, a fait fermer les quelques magasins qui ne l'étaient point encore.

※

Je vous l'ai dit, la partie saine de la garde nationale réagit vigoureusement. Aussi les boulevards que je parcours, depuis la Madeleine jusqu'au Château-d'Eau, semblent-ils reprendre confiance, en voyant enfin circuler en armes d'autres gardes nationaux que ceux qui terrorisent Paris depuis trop longtemps. Beaucoup de magasins se rouvrent, ainsi qu'un certain nombre d'établissements publics.

※

L'église Saint-Pierre, à Montmartre, vient d'être l'objet d'une scandaleuse perquisition, sous le prétexte que des armes y avaient été cachées. Les insurgés ont obligé le vénérable curé de la paroisse à assister à cet acte sacrilége.

※

Ce soir à 10 heures, deux pièces de canon, amenées et gardées par l'émeute au Pont-Royal, sont braquées sur la rue du Bac. J'apprends que ces pièces ont été conduites là vers 6 heures. Elles font sans doute partie de la batterie que j'ai rencontrée vers 5 heures à la Concorde, et qu'on se proposait de répartir sur différents points. Quant au but, la version la plus accréditée dans les nombreux groupes qui stationnent rue du Bac et que j'interroge, c'est que le « Comité » aurait pris cette précaution dans l'éventualité d'une attaque pouvant venir de Versailles, par le chemin de fer de la rive gauche. Je vous livre purement et simplement cette appréciation.

24 mars.

Cette nuit, le rappel et la générale ont été battus dans le quartier de Vaugirard et les quartiers avoisinants. De 6 heures à 8 heures 1/2 du matin, on entend quelques coups de feu qui paraissent tirés dans la direction de Montrouge. On croit à des exercices, et on ne s'en préoccupe pas autrement.

❊

Ce matin, l'amiral Saisset, commandant en chef provisoire de la garde nationale, fait afficher la proclamation suivante :

RÉPUBLIQUE FRANÇAISE.
Liberté, Égalité, Fraternité.

Chers concitoyens,

Je m'empresse de porter à votre connaissance que, d'accord avec les députés de la Seine et les maires élus de Paris, nous avons obtenu du gouvernement de l'Assemblée nationale :

1° La reconnaissance complète de vos franchises municipales ;

2° L'élection de tous les officiers de la garde nationale, y compris le général en chef ;

3° Des modifications à la loi des échéances ;

4° Un projet de loi sur les loyers, favorable aux locataires, jusques et y compris les loyers de 1,200 francs.

En attendant que vous confirmiez ma nomination ou que vous m'ayez remplacé, je resterai à mon poste d'honneur pour veiller à l'exécution des lois de conciliation que nous avons réussi à obtenir, et contribuer à l'affermissement de la République.

Paris, 23 mars 1871.

Le vice-amiral,
commandant en chef provisoire,
Saisset.

Cette proclamation est bien accueillie. Dans les nombreux groupes qui la lisent, elle produit une excellente impression. Les concessions faites semblent à tous de nature à amener l'apaisement. La proclamation de l'amiral contient en effet la promesse de toutes les satisfactions demandées par les plus exigeants. Le sentiment unanime, c'est que la crise entre dans l'heureuse période de l'entente et de la conciliation.

※

Ce soir, vers 6 heures, quelques groupes auxquels je me mêle se forment sur le boulevard, et prennent la direction de la rue Richelieu. On parle de délégués du Comité, qui seraient à la mairie du 2ᵉ, en pourparlers avec la municipalité régulière. Nous sommes à 200 mètres de la rue Neuve-des-petits-Champs ; on n'avance plus que difficilement. Un bruit confus indique la présence d'une foule considérable sur un point rapproché. Tout d'un coup, le cri formidable de : *Vive la République!* se fait entendre, et les tambours battent aux champs. Le flot populaire est de plus en plus compacte. Je ne puis pas aller plus loin. Je rétrograde. La circulation est interdite dans toutes les rues qui, de la rue Richelieu, pourraient me conduire dans la direction de la Bourse; je reviens forcément jusqu'au boulevard. Là, j'apprends quelle serait la cause du mouvement que je viens de constater.

Le Comité central se serait présenté *en force*, vers 1 heure, à la mairie du 1er arrondissement, place Saint-Germain-l'Auxerrois. Les bataillons dissidents, qui appuyaient les représentants de ce Comité, ont trouvé la mairie solidement gardée par la garde nationale restée fidèle à l'Assemblée, au gouvernement, à l'ordre, en un mot. Les délégués demandent à parlementer. Ils sont admis. Des concessions auraient été faites de part et d'autre, et on serait parvenu à *s'entendre*. Cet accord consommé, la municipalité du 1er arrondissement l'aurait affirmé en se rendant, avec les délégués, auprès de la municipalité du 2e, rue de la Banque, entourée de la garde nationale, dont les deux camps n'en font plus qu'un.

C'est cette entente qui aurait été acclamée par la foule au cri de : *Vive la République!* pendant que les tambours battaient aux champs sur le passage des deux municipalités, parcourant, pour propager la bonne nouvelle, les rues avoisinant la mairie.

Dieu veuille que cette entente soit une vérité !

Les canons, dont la présence hier sur le Pont-Royal

avait accru l'anxiété publique dans ce quartier, ont aujourd'hui disparu.

25 mars.

Quelques journaux du matin, et notamment le *Journal des Débats*, ont reçu des informations conformes à celles que je vous transmettais hier sur le compromis qui paraissait arrêté entre quelques municipalités et les délégués du Comité. « La transaction intervenue ce soir, dit en effet cette feuille, entre quelques-uns des chefs de l'insurrection et plusieurs des maires ou adjoints de Paris, pour nous épargner d'irréparables malheurs, etc... »

Le journal officiel de M. Assi et consorts était distribué quelques heures après. Il est venu détruire cette espérance, en ordonnant qu'il serait passé outre aux élections du conseil municipal de Paris, demain dimanche 26. La publication du décret qui règle les formes de l'opération est précédée de la note suivante :

« Le Comité central, n'ayant pu établir une entente parfaite avec les mairies, se voit forcé de procéder aux élections sans leur concours. »

Et quant aux mesures prises pour suppléer aux refus des maires, l'article premier du décret y pourvoit en ces termes :

« Les élections se feront dans chaque arrondissement par les soins d'une commission électorale nommée à cet effet par le Comité central. »

On n'ose pas prévoir ce qui peut sortir de l'exécution violente de cette prescription, au cas où le gouvernement de l'Hôtel de ville y persisterait. L'inquiétude est dans tous les esprits.

*

3 heures. — Le boulevard est extrêmement animé. On y affirme que tout espoir d'une solution pacifique n'est point abandonné, que les négociations seraient reprises entre les municipalités élues et le Comité central. D'accord sur la première des conditions imposées par le pouvoir insurrectionnel, l'élection immédiate du conseil municipal, les parties ne sont plus sur ce point divisées que quant à la fixation du jour. Les maires voudraient jeudi ou au plus tôt mardi. Tout porte à croire, en effet, que d'ici là il aura été statué par l'Assemblée nationale sur la proposition collective des députés et des municipalités. L'élection aurait alors un caractère légal et régulier, au lieu du caractère illégal et insurrectionnel dont elle serait entachée et radicalement viciée, s'il y était procédé avant le vote de la loi. Le Comité insiste pour demain.

*

5 heures. — Le bruit se répand qu'une partie des maires et des députés auraient adhéré aux exigences du Comité. En conséquence, l'élection aurait lieu demain.

6 heures. — La transaction est un fait accompli. Les maires, que leur dignité ou la violence avaient éloignés de leur mairie, y seraient rétablis et présideraient les opérations électorales.

On dit que la discussion a été longue et animée. Les maires et les députés arguaient de l'illégalité de la convocation, qui ne pouvait être ordonnée que par le Pouvoir exécutif, après le vote sur la proposition Arnaud (de l'Ariége). Le Comité a répondu par la disposition des esprits qui rendait impossible, suivant lui, tout nouvel ajournement. A côté de l'argument de droit dont excipaient les municipalités, venait s'en placer un tiré de l'absence de tout délai et qu'elles invoquaient encore : il restait *une nuit* à la population pour se concerter et choisir ses candidats. Mais le Comité n'a rien voulu entendre, est-il affirmé, et toutes les concessions ont été faites par les députés et les maires. Ils ont cédé à une violence du Comité, dit-on dans certains groupes. Non, dit-on dans d'autres, ils ont voulu prévenir une nouvelle lutte sanglante. Ailleurs, ils ont capitulé, pactisé avec l'émeute : cette accusation trouve créance.

※

6 heures 1/2 — On apprend que l'amiral Saisset est demeuré étranger à la transaction, ou plutôt à l'adhésion sans réserves donnée aux exigences du Comité.

L'autorité de celle-ci est loin de s'en accroître. Le

brave amiral signait, en effet, à 7 heures, l'autorisation aux bataillons qui étaient venus se mettre à sa disposition de cesser tout service.

26 mars.

La soirée et la nuit ont été calmes.

Les journaux du matin ont reçu et publié une sorte de proclamation faisant connaitre les résolutions arrêtées par le Comité central et les municipalités réunies. La voici :

RÉPUBLIQUE FRANÇAISE.
Liberté, Égalité, Fraternité, Justice.

Les députés de Paris, les maires et adjoints élus réintégrés dans les mairies de leurs arrondissements, et les membres du Comité central fédéral de la garde nationale, convaincus que le seul moyen d'éviter la guerre civile, l'effusion du sang à Paris, et en même temps d'affermir la République, est de procéder à des élections immédiates, convoquent pour demain dimanche tous les citoyens dans les collèges électoraux.

Les bureaux seront ouverts à huit heures du matin et seront fermés à minuit.

Les habitants de Paris comprendront que dans les circonstances actuelles le patriotisme les oblige à venir tous au vote, afin que les élections aient le caractère sérieux qui seul peut assurer la paix dans la cité.

Vive la République!

Le *Journal des Débats*, insistant sur l'illégalité de la convocation, déclare persister dans son abstention :
« Notre respect de la légalité, dit-il, nous empêche ab-

solument de répondre à la convocation adressée aujourd'hui aux électeurs par un pouvoir de fait absolument illégal et par des autorités légales, mais incompétentes dans cette affaire. » Cette ligne de conduite paraît devoir être suivie par le plus grand nombre.

Tout est calme jusqu'à présent aux abords des salles de vote, où on me semble peu se presser.

27 mars.

La soirée d'hier et la nuit n'ont été marqués par aucun fait grave.

En général, on constatait le peu d'empressement des électeurs à se rendre au vote. Sur certains points, l'indifférence était complète. Les résultats ne sont point encore connus à midi, et je ne sais si je pourrai les obtenir assez à temps pour vous les transmettre aujourd'hui.

Depuis le jour où les hommes du 18 mars se sont emparés du pouvoir, ils n'ont pas laissé passer un seul jour sans insister sur leur ardent désir, disaient-ils, de remettre aux élus de la Commune le lourd fardeau que la volonté du peuple leur avait imposé.

Hier encore, Paris pouvait lire, affichée à profusion sur tous ses murs, une proclamation dans laquelle le Comité renouvelait en ces termes cet engagement :

« Citoyens, notre mission est terminée; nous allons

céder la place dans *votre* Hôtel de ville à *vos mandataires réguliers*, etc... »

Tenant pour sérieuse cette déclaration, un journal, qui n'est point suspect de pactiser avec MM. de l'Hôtel de ville, en prenait même texte pour engager à voter : « Ces élections auront du moins ce résultat, affirmait l'auteur de l'article, de nous débarrasser de l'arbitraire du Comité central, et de permettre aux bons citoyens de se compter. Nous nous en référons pour cela à l'intelligence et au patriotisme de la population de Paris. »

Ajoutant également foi à l'engagement du Comité, une feuille du soir conseillait, comme le *Constitutionnel*, aux électeurs, de donner leurs suffrages aux seuls maires et adjoints antérieurement élus. « Cette conclusion, disait-il, est la seule qui permette d'arracher Paris à la tyrannie du Comité central. »

Ces deux feuilles étaient simplement naïves.

Le premier-Paris du journal officiel de l'Hôtel de ville a fait, à l'heure qu'il est, cesser leur illusion. Voici, et c'est par là que je vous demande la permission de clore cette lettre, le premier paragraphe de cet article publié dans le numéro de ce matin 27 :

« A l'heure où nous écrivons, le Comité central aura de droit, sinon de fait, cédé la place à la Commune. Ayant rempli le mandat extraordinaire dont la nécessité l'avait investi, il se réduira de lui-même à la fonction spéciale qui fut sa raison d'être, et qui, contestée violemment par le pouvoir, l'obligeait à lutter, à vaincre ou à mourir avec la cité dont il était la représentation armée... »

28 mars.

Le dépouillement électoral a été terminé hier au soir seulement. Le désordre qui règne dans les mairies et la manière dont ont été relevés les votes n'ont pas permis encore aux journaux de se procurer les deux chiffres essentiels au moyen desquels s'apprécient les résultats de toute élection, à savoir : le chiffre des inscrits et celui des votants.

Les évaluations qui portent en moyenne le nombre de ces derniers à un tiers de ceux qui ont pris part au vote du 3 novembre paraissent se rapprocher de la vérité, quand on interroge la liste des suffrages obtenus par les élus. On a très-peu voté dans les quartiers du centre. Il devait en être et il en a été autrement dans les quartiers excentriques, où l'émeute a pris naissance et se recrute.

Voici d'ailleurs comment se sont répartis les votes. Les anciens maires et adjoints ont triomphé dans quatre ou cinq arrondissements. Ils se partagent le succès avec le Comité dans un nombre à peu près égal; enfin, le Comité a le dessus, sans conteste, dans les autres arrondissements. Vous voyez quelle serait, par suite, la composition du conseil municipal et quel esprit présidérait à l'administration de la ville si, par impossible, un tel état de choses devait prévaloir. Mais il ne prévaudra pas et disparaîtra bientôt avec les hommes coupables qui nous l'imposent, le canon chargé et le chassepot à la main.

*

A Montmartre, à Belleville et à la Villette, on bat le rappel et la générale depuis ce matin. Peut-être saurai-je ce soir dans quel but. Le poste de la préfecture de police est fort de plusieurs bataillons. Depuis ce matin, un certain nombre de drapeaux rouges surmontent les armes de ces bataillons placées en faisceaux sur la place Dauphine.

29 mars.

Paris, depuis six mois, est bien habitué au bruit du canon. Durant le siége et jusqu'au jour où commença le bombardement, il éprouvait même une certaine satisfaction à l'entendre tonner : c'est que, quand l'artillerie de nos forts réveillait la grande cité, c'était le signal d'une attaque; peut-être celui de la grande délivrance : toujours c'était l'espérance, hélas !

C'est au moyen de coups de canon tirés à poudre que le gouvernement *des Buttes* correspondait à l'origine avec ses complices établis sur différents points. On le sut bientôt; d'ailleurs, à ce moment, il n'avait point encore disséminé dans tout Paris l'artillerie qu'il a si audacieusement faite sienne, et Paris ne savait pas alors qu'il aurait bientôt à pleurer le massacre de la place Vendôme! Mais, depuis ce crime, la population est justement alarmée lorsque, sans cause connue, le bruit de la fusillade ou du canon tiré au centre de la ville vient ajouter à ses angoisses. C'est ce qui eut lieu hier. Vers 4 heures du soir, cinq ou six coups de canon se succédant sans interruption vinrent jeter l'effroi dans tous les quartiers. Chacun courait. On s'enquit. C'étaient les batteries *du camp* de l'Hôtel-de-Ville qui annonçaient l'avénement de la *Commune*. Voilà donc la fameuse Commune constituée! La Commune d'exécrable et sanglante mémoire, tel est une seconde fois le gouvernement de Paris, de par l'émeute du 18 mars.

*

Le drapeau rouge flotte en ce moment sur presque tous les édifices publics.

*

Les journaux vous ont dit la mise en liberté du général Chanzy. Il doit sa délivrance au général Cremer. Paris a été heureux d'apprendre que ce jeune officier général n'avait jamais songé à devenir le chef militaire de l'insurrection. Acclamé à son arrivée ici par la partie séditieuse de la garde nationale, et sachant la captivité du général Chanzy, il a résolu de se servir de sa popularité pour l'y arracher. Son but atteint, il s'est hâté de se séparer de l'Hôtel-de-Ville.

29 MARS.

Il se confirme ce matin que les Prussiens se rapprochent. Ils ont fait un mouvement en avant du Bourget sur Aubervilliers. Ils se rapprochent également de Maisons-Alfort.

※

Toutes les gares sont militairement occupées par la garde nationale de l'Hôtel-de-Ville. Celles de l'Ouest n'ont pas moins chacune d'un bataillon. Un de mes amis conduisait en nourrice ce matin même un de ses bébés, ligne de Lyon. Je l'accompagnai à la gare, désirant juger par moi-même de l'état des choses. J'y allai en ami et en *reporter*. Ce dernier vous doit compte de ce qu'il a vu. On se croirait en plein camp. De tous côtés ce ne sont que faisceaux d'armes, sentinelles, cuisines d'escouades, cantines, etc.

Plusieurs gardes sont spécialement préposés à la visite des bagages. Cette visite est des plus minutieuses. Elle a pour objet d'empêcher la sortie des armes, de Paris. Le berceau de notre bébé suivait naturellement; il reçut le coup de sonde obligé, après quoi son enregistrement fut permis. Au mouvement résultant de la présence de la garde nationale, il faut ajouter celui occasionné par les nombreux voyageurs qui fuient Paris. On se presse, on se bouscule, on veut partir. Les trains sont peu nombreux et on ne veut pas être renvoyé au lendemain. Il peut se passer tant de choses en un jour! Je me rends de la gare du départ à celle de l'arrivée. Oh! là, rien : le calme règne. Je me renseigne:

c'est ainsi tous les jours. De rares trains de marchandises amènent avec eux de rares voyageurs, et c'est tout. Dans ces jours douloureux on quitte Paris, mais on n'y vient pas !

*

Au moment où j'abandonne la gare, je vois hisser sur la prison de Mazas le drapeau de l'insurrection.

*

Voici un nouvel échantillon des dispositions libérales de la *Commune*; ce sont les propositions qui ont dû être déposées hier sur son bureau pour inaugurer ses travaux :

Proposition I. — Les séances de la Commune ne sont pas publiques.

Proposition II. — Il n'y a pas de tribune. La Commune est un comité d'action et non une assemblée d'avocats.

Proposition III. — Il ne sera pas publié de compte rendu des séances de la Commune, mais seulement un procès-verbal quotidien de ses actes.

*

On avait annoncé qu'au lendemain des élections les barricades disparaîtraient, que les canons seraient réintégrés dans les arsenaux tout en restant à la garde de l'artillerie du Comité; que la circulation enfin serait rétablie partout. Il n'en est rien. Pas plus ce matin que samedi dernier je n'ai pu traverser la place

Vendôme. Les solides et formidables barricades, hautes de 1^m 80 environ, sont intactes, et les canons dans les embrasures de cette défense révolutionnaire continuent à être braqués, d'un côté sur la rue de la Paix, de l'autre sur la rue Castiglione et la rue Saint-Honoré.

*

La destitution des employés des diverses administrations publiques continue sur la plus large échelle. Hier c'étaient les chefs et sous-chefs des finances, qui étaient frappés au nombre de 25 à 30 ; aujourd'hui ce sont les employés de l'intendance générale et ceux du ministère de la guerre que *l'Officiel* de l'Hôtel-de-Ville met en demeure de reprendre leur service à peine de révocation. La note ajoute qu'avant de se rendre à leur poste « les chefs de service devront préalablement se présenter au cabinet du ministre de la guerre, pour y recevoir des instructions ».

Chefs et employés attendent, la conscience tranquille, la notification de l'acte qui, entre leurs mains et aux yeux des ministres dont ils relèvent, sera une nouvelle preuve qu'ils ont rempli leurs devoirs. Toutes nos administrations publiques s'honorent par cette attitude.

30 mars.

C'était une grave question, pensait-on, que celle des loyers pendant le siége. Le gouvernement du 4 septembre et celui du 19 février l'avaient réservée. Une étude attentive, des informations consciencieuses tenant compte des intérêts et des situations respectives du propriétaire et du locataire, devaient en préparer la solution à demander à l'Assemblée nationale. Eh bien, non ! Cette question n'était pas si grosse de difficultés que vous le croyiez, que nous le croyions tous. Interrogez plutôt l'organe officiel des législateurs de l'Hôtel-de-Ville, en date de ce jour, 30 mars. Rien n'était plus simple. Il suffisait d'un décret, et ce décret, le voici :

LA COMMUNE DE PARIS

Décrète :

Article premier. — Remise générale est faite aux locataires des termes d'octobre 1870, janvier et avril 1871.

Art. 2. — Toutes les sommes payées par les locataires pendant les neuf mois seront imputables sur les termes à venir.

Art. 3. — Il est fait également remise des sommes dues pour les locations en garni.

Art. 4. — Tous les baux sont résiliables, à la volonté des locataires, pendant une durée de six mois, à partir du présent décret.

Art. 5. — Tous congés donnés seront, sur la demande des locataires, prorogés de trois mois.

Hôtel de Ville, 29 mars 1871.

La Commune de Paris.

NOTA. — Un décret spécial réglera la question des intérêts hypothécaires.

Ce n'était pas plus difficile que cela.

Pour rendre hommage à la vérité, je dois vous dire

que, même dans les quartiers où on attend du Comité les mesures les plus extrêmes dans le sens des intérêts qu'il prétend ou faire triompher ou concilier et qu'il compromet, les espérances n'osaient point aller jusqu'à la suppression de la dette. Le soir, dans des groupes de certains quartiers où dominaient le locataire, l'employé, l'ouvrier laborieux, les critiques les plus vives et les plus sensées se produisaient à l'encontre de cette mesure spoliatrice que personne ne considère comme sérieuse et dont aucun honnête homme ne voudrait profiter, si modeste que soit sa position. Les gens de l'Hôtel-de-Ville, on le sait, ne recherchent qu'une popularité de mauvais aloi. Si tel n'était pas leur but, ils auraient, en édictant le décret du 29 mars, prouvé une fois de plus à quel point leur font défaut les notions les plus élémentaires de la science économique.

Je ne vous parle pas du décret du même jour, qui abolit la conscription et prohibe à jamais l'entrée d'aucune force militaire dans Paris.

Je ne vous parle pas davantage du troisième décret qui institue dix grandes commissions dites : Commissions exécutive, des finances, militaire, de la justice, de sûreté générale, des subsistances, du travail, industrie et échange, des services publics, de l'enseignement. Toutes ces mesures, qui réalisent l'idéal des clubs, en ont juste l'autorité auprès de la population saine de Paris.

Après cet examen de la feuille prétendue officielle, je reviens aux événements du jour.

Un mot cependant encore : cette feuille vient de modifier son titre. Elle ne porte plus en tête : *Journal officiel de la République française*, mais *Journal officiel de la Commune de Paris. — 1re Année. — 1er N°*.

*

A la première heure ce matin, le gouvernement de Versailles fait afficher sur les murs de Paris les diverses dépêches de province annonçant le rétablissement de l'ordre dans les grands centres.

A peine posées, ces affiches étaient enlevées par des gardes nationaux isolés. Dans beaucoup de quartiers cependant elles étaient respectées. Mais le gouvernement de l'Hôtel-de-Ville en est informé, et aussitôt un service spécial *armé* est organisé à la fois pour protéger les individus préposés à la lacération de ces placards et y prendre part, ainsi que je le constate rue de Bellechasse.

*

Le bruit se répand que le Comité a envoyé hier un « délégué » à l'Administration centrale des postes pour prendre possession de la Direction générale de ce vaste et important service. M. Rampont, directeur général, en déclinant naturellement l'autorité du Comité, a déclaré qu'il ne céderait qu'à la force. L'envoyé de M. Assi s'est retiré, se réservant d'en référer à la Commune. On croit que le citoyen Theisz, — c'est le nom du délégué,— viendra ce soir renouveler sa visite, mais, cette fois, accompagné de plusieurs compagnies de la garde nationale.

*

Je vous ai dit que le drapeau rouge flotte sur tous les ministères et sur tous nos monuments publics. Jusqu'ici les bataillons de la garde nationale que rallie l'emblème révolutionnaire n'avaient point osé le promener dans nos rues. On le déployait seulement dans les promenades militaires sur le *Mont-Aventin*. A la proclamation même de la *Commune*, sur la place de l'Hôtel-de-Ville, tous les bataillons avaient encore le drapeau tricolore. Au lendemain de cette proclamation il cesse d'en être ainsi, et le drapeau des plus mauvais jours de notre histoire remplace aussi pour eux les couleurs nationales.

Aujourd'hui vers midi, le 2e arrondissement était mis en émoi par un bataillon, le 80e, qui arrive, drapeau rouge en tête, prendre position sur la place des Victoires. On ignore la cause de cette occupation, et l'émotion s'en accroît. Produire cette émotion est peut-être le seul but. Dans tous les cas il est atteint, car les boutiques se ferment sur la place et dans les rues adjacentes.

Le boulevard a aussi, vers 6 heures, le défilé d'un bataillon à drapeau rouge. Il s'avance battant une marche provocante et tout à fait en harmonie avec la physionomie des hommes. Sur le képi on lit le n° 237. Chaque garde porte sur la poitrine un nœud formé d'un ruban écarlate. Le bataillon s'engage dans la rue Scribe. Où va-t-il? demande-t-on autour de moi. A Versailles? Non, mais seulement à la gare qui y conduit et qu'il ne dépassera pas, est-il répondu, soyez-en bien sûr. Je partage cet avis. Renseignements pris, c'était, en effet, le piquet de service chargé aux gares de la vilaine besogne que vous savez.

31 mars.

La feuille officielle abandonne ce matin le titre qu'elle avait pris hier et s'intitule de nouveau : *Journal officiel de la République française.*

*

Le gouvernement Assi s'est décidé à insérer dans le numéro de ce jour le résultat des élections du 26.

Dans le décret de convocation, le Comité avait déclaré que la loi de 1849 serait applicable et que nul ne serait élu s'il n'obtenait au moins le huitième des inscrits. Or il se trouve que six candidats n'ont point réuni cette condition du huitième. N'importe, la commission passe outre et valide ces six élections comme les autres. J'en prends une au hasard.

Le 7º arrondissement compte 22,092 inscrits.

Le citoyen Brunel est validé, bien que n'ayant pas

obtenu plus de 2,163 suffrages. Les annales électorales, on peut l'affirmer sans crainte de se tromper, n'offrent pas un seul exemple d'un pareil oubli de la loi, des principes et du droit; mais la langue de la loi, des principes et du droit, n'est point celle qu'on parle à l'Hôtel-de-Ville. Elle y est inconnue. C'est la langue inverse qui y domine.

※

Le 80 bataillon venant occuper hier la place des Victoires ne voulait pas seulement effrayer le quartier. Sa mission était double; c'est à son « patriotisme » qu'était confiée l'installation du citoyen Theisz, en qualité de nouveau directeur général des postes. Dans la soirée, en effet, le citoyen Theisz s'est présenté à l'hôtel de la rue Jean-Jacques-Rousseau, à la tête de ce bataillon. Mais cette nouvelle visite était prévue : M. Rampont était parti pour Versailles. Il avait donné des ordres pour que tout le personnel l'y rejoignît; en même temps des mesures étaient prises par lui à l'extérieur, ordonnant que les *ambulants* fussent tous dirigés sur Versailles. M. Rampont n'avait aucun autre moyen de soustraire le service des postes à la Révolution, dans les mains de laquelle il ne devait tomber à aucun prix. Il a donc été fait ainsi qu'il l'avait prescrit. Voilà comment nous avons ce matin vainement attendu nos lettres et nos journaux de province. Voilà comment Paris, une fois encore, se trouve isolé du reste de la France ou au moins privé de correspondre avec elle.

*

En même temps que se fermaient les communications postales avec les départements, on répandait le bruit que la sortie de Paris serait également interdite à ses habitants : c'était vrai seulement pour une gare, celle de Saint-Lazare-Versailles. Nous ne sommes donc plus désormais en communication avec le siége du gouvernement que par la rive gauche.

*

Un nouveau comité vient de se révéler. Il s'intitule : *Comité central des vingt arrondissements*. Dans un manifeste qu'enregistre l'*Officiel* il donne solennellement son adhésion au décret sur les loyers. Inutile que je vous cite les noms des membres de ce nouveau pouvoir, comme ceux des membres du Comité central, comme ceux des membres de la Commune, tous plus inconnus les uns que les autres.

*

La démolition des barricades, entreprise sur quelques points dans la journée d'hier, vient d'être suspendue. Leurs postes ont été doublés à Montmartre.

*

Le Comité vient de décider l'occupation des forts de la rive gauche par ses bataillons. Il est adjoint à leurs garnisons des compagnies de marche qui campent en avant-postes.

※

Les coffres du Trésor se vident, ou mieux, sont vidés. On vit au jour le jour, et chaque soir une charrette conduit à l'Hôtel-de-Ville le produit de l'octroi pendant la journée, produit qui, soit dit en passant, est descendu de 250,000 fr. à 80,000.

※

Le bruit avait circulé hier que le Comité avait fait apposer les scellés sur les caisses des Compagnies d'assurances *l'Union* et *la Nationale*; il est confirmé ce matin.

※

On annonce ce soir qu'un engagement aurait eu lieu vers midi entre les avant-postes de Versailles et ceux du Comité, aux environs de Bois-Colombes et de Puteaux.

※

Les arrestations continuent à être à l'ordre du jour. Les journaux du soir enregistrent celle du libraire-éditeur Lacroix, d'un capitaine d'artillerie et de tout l'état-major des sapeurs-pompiers de la ville de Paris. Le *Comité de sûreté générale* affirme que ce dernier était en correspondance suivie avec le gouvernement de Versailles. Quel crime!

※

Une agitation extrême règne vers 6 heures sur la

place Vendôme et aux abords. Jusqu'ici on s'était borné à placer des sentinelles aux extrémités des rues de la Paix et Neuve-des-Capucines donnant sur le boulevard. Ces sentinelles sont partout triplées, et la rue Neuve-des-Capucines est occupée en entier comme la place Vendôme elle-même. Il m'est impossible de connaître la cause de ces mesures.

*

C'est ici le lieu de vous le dire : le rôle des *reporters* de la presse devient plus que difficile. Ils doivent d'abord se bien garder de leur habitude de prendre des notes sur la voie publique. Il y a dans le vocabulaire révolutionnaire un mot terrible. Ce mot, c'est : « Enlevez-le. » Or tout homme qui, par le temps présent, sort de sa poche un crayon et un morceau de papier blanc est exposé à l'entendre prononcer à son adresse. A partir de ce moment, s'il ne subit pas le sort du malheureux agent jeté et noyé il y a quelques jours à peine dans le canal Saint-Martin, le moins qu'il puisse lui arriver, c'est d'être arrêté et conduit devant on ne sait quel comité ou sous-comité par trop souverain quand il s'agit de la liberté individuelle des gens étrangers à l'Hôtel-de-Ville. Interroger n'est pas toujours moins dangereux. Voilà pourquoi je vous signale quelquefois certains faits sans pouvoir toujours vous édifier sur les causes et le but.

*

L'Église a un nouveau sacrilége à pleurer. Deux

croix surmontaient, l'une le fronton, l'autre la coupole
du Panthéon. Elles ont disparu, sciées à leur base par
ces malheureux, et le drapeau rouge flotte là où s'élevait le signe de la rédemption. Cet épouvantable forfait était annoncé par un journal du soir. Je n'osais y
croire : j'ai vu.

1er avril.

La *Commune* se repose et se recueille. Son organe
officiel de ce matin promulgue toutefois un décret qui
appelle l'attention. Aux termes de ce décret, les tribunaux, à tous les degrés, sont remplacés par une sorte de
grand-juge, le citoyen Protot, qui expédiera « les affaires civiles et criminelles les plus urgentes ».

*

Le commerce se plaint de la suppression du service
postal. Il a fait entendre ses doléances à la *Commune*.
Celle-ci, bien que seule responsable du trouble apporté
aux affaires, n'a pas craint de répondre que, « sans reconnaître le pouvoir de Versailles, elle était disposée
à accepter les propositions qui pourraient lui être
faites dans l'intérêt général ».

*

Je vous disais hier que la Commune avait apposé
les scellés sur certaines caisses des compagnies d'assurances. Aujourd'hui quatre hommes du même co-

mité, ayant un sergent à leur tête, ont saisi la caisse de la gare des marchandises à Bercy, et arrêté le chef de cette gare, qui n'avait consenti à livrer son dépôt que sur menaces de mort.

*

De jour en jour, les ménages parisiens constatent l'élévation du prix des denrées. C'est qu'en effet les arrivages se raréfient en présence de la double crainte des troubles et des réquisitions. Beaucoup de commerçants qui avaient adressé à la province des commandes en bestiaux et denrées alimentaires de toute nature arrêtent les expéditions. Si l'état de choses actuel se prolonge, à toutes les calamités qui nous accablent viendra donc s'ajouter la famine que l'armistice du 28 janvier nous a épargnée.

*

Je ne vous ai pas encore parlé d'une nouvelle force armée créée par ces messieurs du 18 mars. Nous avons désormais les *cavaliers de la République*. Est admis dans le corps tout individu qui sait, non pas monter à cheval, mais s'y tenir à peu près. Pas d'autres conditions à remplir. Les costumes variés et indescriptibles, la pose en selle de tous ces écuyers fantaisistes, exposent souvent la nouvelle troupe aux lazzi des gavroches des faubourgs.

*

Il est de plus en plus question de donner aux coupons échus de la ville de Paris, qu'on ne peut solder, cours forcé comme papier monnaie. Il en serait de même des coupons des rentes 3 et 4 1/2 pour 100. A quand les assignats? La population ne s'émeut pas outre mesure des *projets financiers de la Commune.* Elle sait qu'elle peut compter et elle compte sur son gouvernement, c'est-à-dire sur l'Assemblée nationale.

Dimanche 2 avril.

L'entente est loin d'être parfaite au sein de la *Commune*. Nous en avons la preuve dans les seize démissions données depuis le 26 mars par un nombre égal d'élus. *Le Journal officiel* de ce matin convoque de nouveau les électeurs pour le mercredi 5 courant à l'effet de pourvoir à ces seize vacances et à cinq autres résultant d'option par suite de doubles élections : en tout vingt et une nominations.

*

Il est 11 heures. Depuis 9 heures le canon et la fusillade se font entendre dans la direction de Neuilly. L'émotion de la population est poignante. On sait qu'un engagement qu'on dit avoir pris des proportions considérables a eu lieu ce matin entre les bataillons fédérés et l'armée de Versailles.

Midi. — Les premiers renseignements arrivent. L'engagement a commencé vers 9 heures entre les bataillons fédérés réunis à Courbevoie et les avant-postes des troupes de Versailles qui occupent Puteaux. Du côté des fédérés ce sont les bataillons portant les n°s 93, 119 et 135 qui ont pris part à l'affaire. Ils avaient mis en ligne 2,000 hommes environ. L'armée de Versailles avait engagé des forces à peu près égales, composées de troupes de ligne et de gendarmes. Elles étaient appuyées par le Mont-Valérien.

1 heure. — A midi la garde nationale se repliait dans Neuilly, et les troupes de Versailles étaient maîtresses de Courbevoie et du pont de Neuilly.

Le chiffre des morts et des blessés est inconnu. Ici on le dit considérable, tandis que là on le dit insignifiant.

5 heures. — Beaucoup de gardes nationaux isolés rentrent. De la place de la Concorde, où tous arrivent par les Champs-Élysées, ils se dirigent dans toutes les directions. Ils paraissent regagner leurs domiciles privés. Les uns sont sans armes, d'autres au contraire portent plusieurs fusils. Les uns et les autres paraissent abattus. La place est sillonnée de patrouilles qui dispersent les groupes innombrables qui s'y forment. Mon attention à ce moment est attirée par un piquet de dix hommes au milieu duquel marche un officier désarmé. Il prend la direction du quai d'Orsay. Dans la foule qui suit et à laquelle je me mêle, on dit qu'il a été arrêté sur le théâtre de la lutte par sa compagnie

elle-même qu'il a refusé de commander, et qu'on le conduit à l'Hôtel-de-Ville.

※

Quelques instants après, une voiture de remise, débouchant également de la place de la Concorde, conduite par un soldat de la ligne, s'avance à fond de train. Personne d'ailleurs n'occupait l'intérieur du véhicule. Un passant auquel il semble extraordinaire de voir le cocher remplacé par un fantassin, et un cheval, haletant, en nage, conduit à cette allure, saute à la tête de l'animal et l'arrête court. Il n'avait point encore lâché la bride que déjà le conducteur de la voiture était descendu auprès de lui, menaçant, et l'apostrophant en ces termes : « Où as-tu pris, citoyen, le droit d'arrêter ainsi une voiture au service du Comité? Tu dois avoir des ordres, une carte, une carte rouge? Voyons, montre ta carte. » — « Je n'ai ni ordre ni carte, répondit tout doucement notre homme, au regret d'avoir ainsi, sans s'en douter, et avec les meilleures intentions du monde, porté préjudice au service du Comité; je suis tout bonnement fruitier, rue Saint-Dominique. »

« Ah! tu n'as pas de carte? ah! tu es fruitier rue Saint-Dominique, et tu arrêtes ma voiture? Hé bien, moi, j'en ai une, de carte, entends-tu? et la voilà, et elle est rouge, et tu vas venir avec moi à l'Hôtel-de-Ville. » Intervention d'un garde national d'une compagnie de marche en faveur du péquin : « Ah! toi, tu fais bien de parler. Je te requiers, et tu vas venir avec le citoyen à l'Hôtel-de-Ville; tu le garderas dans la voiture. » Puis notre cocher, docilement obéi, fait monter notre fruitier et notre garde national dans sa voiture, saute sur son siége, reprend sa vigoureuse allure dans la direction, en effet, de l'Hôtel-de-Ville. La foule n'a rien dit, mais elle n'a pas ri. Voilà quelles garanties sont assurées à la liberté individuelle, sous le gouvernement du 18 mars. Elle est à la merci du premier audacieux venu, assez osé pour la violer.

※

Au moment où je clos ce compte-rendu sommaire de la journée du 2, les derniers journaux du soir ont paru; ils ne publient aucun nouveau détail sur l'engagement du matin, et mes informations particulières ne m'en apportent pas davantage.

3 avril.

Le journal de l'Hôtel de ville contient ce matin, entre autres documents, une proclamation à la garde nationale. Cette proclamation, qui déverse l'outrage et l'injure sur l'Assemblée nationale, est conçue dans des termes tels que je vous demande de ne point les relever.

Ce numéro est d'ailleurs un des plus violents, des plus révolutionnaires qui aient paru depuis le 18 mars. Un décret met en accusation le chef du Pouvoir exécutif, ainsi que les ministres, MM. Jules Favre, Picard, Dufaure, Jules Simon et l'amiral Pothuau.

Un autre décret prononce la séparation de l'Église et de l'État, la suppression du budget des cultes, et déclare propriétés nationales les *meubles et immeubles* appartenant aux *congrégations religieuses.*

Cet acte de spoliation est précédé d'un considérant digne du dispositif.

*

La reprise des hostilités est annoncée à la population par le canon des forts d'Issy, de Vanves et du Mont-Valérien, qui ne cessent de tonner, à partir de 3 heures du matin. Le rappel et la générale sont battus en même temps dans tous les quartiers. Les deux forts d'Issy et de Vanves sont occupés par les bataillons de la garde nationale, celui du Mont-Valérien par l'armée de Versailles. Cette journée emporte la dernière et patriotique espérance d'une solution pacifique. L'émeute ne se soumettra pas, ne mettra pas bas les armes. Elle veut être vaincue par la force.

Cette même journée devait voir tenter par la Commune l'entreprise à la fois folle et criminelle de marcher sur Versailles.

Pendant la nuit, les « généraux » de la Commune avaient massé de nombreux bataillons hors de l'enceinte. Trois corps d'armée avaient été formés. L'un devait attaquer Sèvres; le second, le Mont-Valérien, qu'une partie des assaillants devait tourner, en prenant la route de Saint-Germain et passant par Nanterre, tandis que l'autre se dirigerait sur Saint-Cloud et Montretout. Le troisième corps devait partir de Châtillon, et gagner la route de Versailles par celle de Chevreuse.

Tel était le plan des généraux de l'insurrection.

Voici ce qui advint :

Le premier corps, celui qui devait ouvrir le passage par Sèvres, engagea l'action au Point-du-Jour. La lutte dura jusqu'à deux heures et demie. Mais, à partir de midi, la défaite des fédérés paraissait certaine. La plaine et le bois de Clamart étaient sillonnés de gardes nationaux en fuite. A 3 heures, la déroute était complète.

L'attaque dirigée par le second corps, sur le Mont-Valérien, n'avait pas été plus heureuse. Les bataillons qui devaient se diriger sur Saint-Cloud avaient peu de chemin à parcourir avant d'arriver sous le feu du fort. On avait dit à ces malheureux que la citadelle resterait neutre. Ils ne tardèrent pas à perdre cette illusion. Quelques obus lancés sur la colonne jettent immédiatement la panique dans ses rangs. C'est un sauve-qui-peut général.

Quant au troisième corps, parti à 10 heures de Châtillon, laissant derrière lui des forces suffisantes pour garder la redoute, il arrive, sans trop de difficultés, jusqu'au Petit-Bicêtre. Là, il se trouve en présence de troupes de ligne et d'artillerie qui lui barrent le passage. La lutte s'engage, et la colonne des fédérés ne tarde pas à battre en retraite, poursuivie par les Versaillais, qui préparent la prise de la redoute de Châtillon en y envoyant quelques obus. Ils s'en emparent après un combat d'une demi-heure. Leurs poursuites s'arrêtent là. Leur but était atteint. Les fédérés, mis en déroute, regagnent Paris.

Victorieuse sur tous les points, l'armée de Versailles aurait fait 1,500 prisonniers, sans laisser un seul des siens entre les mains de la garde nationale. A la dernière heure, on dit aussi que Flourens aurait été tué, et que parmi les prisonniers figureraient les généraux de la Commune Duval et Henry.

Je n'ai jamais vu Paris plus grave qu'aujourd'hui, plus recueilli.

Dès 9 heures, quand on sait les proportions que menace de prendre la lutte engagée, et dont je viens de retracer les phases principales, les magasins se ferment. Les groupes des boulevards sont beaucoup moins nombreux qu'à l'ordinaire; on n'y discute plus avec l'animation des derniers jours. On y est fort ému.

A partir de 3 heures, commence la rentrée des gardes nationaux, par groupes considérables, de 4, 5, 6 et plus. Il s'en présente à toutes les portes qui, des différents points de la lutte, conduisent dans les divers quartiers de Paris. Ils ne se rendent point à la place, mais à leur domicile privé.

On ne savait pas, à cette heure, quel avait été le résultat définitif de la bataille; mais, armés ou non, aucun de ces hommes ne paraissait appartenir à une troupe victorieuse. Plusieurs sont interrogés; on obtient ces réponses : « On nous avait convoqués pour un service d'ordre, et non pour un combat. Nous n'avons pas voulu y prendre part. » D'autres : « Ceux qui nous lancent sauront disparaître quand viendra le moment de régler les comptes ; alors nous payerons pour eux. Nous avons mis longtemps à le comprendre, mais enfin nous le comprenons, et nous reprenons le chemin de l'atelier. » D'autres, enfin : « Comme toujours, nous sommes trahis par nos chefs. »

*

Aussitôt informés de la lutte, les vénérables frères des écoles chrétiennes étaient à leur poste. La croix rouge au bras, ils ont repris leur service d'infirmiers et de brancardiers. Ce sont eux qui, hier, ont relevé ou enterré les premières victimes tombées à Courbevoie. A l'heure actuelle, leurs immenses salles de la rue Oudinot sont remplies de blessés. L'escouade active des bons frères n'avait point terminé ce soir sa pieuse et douloureuse besogne. Elle couchera donc encore sur le champ de bataille. D'ailleurs la lutte ne peut-elle pas recommencer demain, cette nuit? Et ils n'auraient qu'à ne point arriver à l'heure !

J'apprends à l'instant qu'un misérable, porteur de

l'uniforme de la garde nationale, rencontrant hier, rue du Bac, un des frères de cet ordre vénéré, l'a couché en joue : il l'eût infailliblement tué, sans l'intervention de deux autres gardes nationaux ; ceux-ci, se précipitant sur ce malheureux, ont relevé le canon de l'arme. L'auteur de cette criminelle tentative paraissait en état d'ivresse.

*

La Commune est une véritable école d'arrestations mutuelles. Le tour du citoyen Assi était, paraît-il, arrivé, et, tandis que les portes de la conciergerie s'ouvraient pour en laisser sortir le citoyen Lullier, emprisonné sur l'ordre du citoyen Assi, elles se refermaient sur la personne du citoyen président lui-même.

*

On m'affirme, à la dernière heure, que les dépêches qui arrivent depuis ce matin, d'heure en heure, à l'Hôtel de ville, jettent la Commune dans le plus grand émoi. Loin de lever la crosse en l'air, disent ces dépêches, les troupes versaillaises marcheraient avec ensemble, et leur attitude décontenancerait les bataillons fédérés.

*

Depuis ce matin, l'unique gare qui nous mettait en communication avec Versailles est fermée.

*

La conduite du curé de Courbevoie, pendant la bataille d'hier, a été admirable. Elle est ainsi racontée par un journal du soir :

Au plus fort de la bataille, ce matin, à l'heure où les projectiles sifflaient de toutes parts, pendant que la mitraille faisait des ravages dans les rangs des fédérés, un modeste héros, un prêtre, le curé de Courbevoie, arriva sur le champ de bataille pour porter secours aux malheureux blessés.

Il allait de l'un à l'autre, relevant celui-ci, exhortant celui-là, prodiguant aux agonisants les consolations les plus touchantes.

De tous côtés, ceux qui souffraient s'écriaient à la fois :
— A moi, monsieur le curé, à moi!

Et le digne homme se multipliait pour courir vers ceux dont les souffrances paraissaient vouloir un plus prompt soulagement.

Après avoir parcouru une partie du champ de bataille, donnant à boire à l'un, aidant l'autre à s'asseoir, il commença la plus pénible besogne. Il prit sur son dos un blessé, l'installa le mieux qu'il put, et le transporta non loin de là, derrière une maison effondrée au-dessus de laquelle flotte le drapeau de l'Internationale, et où un chirurgien fait les premiers pansements.

Après avoir déposé son précieux fardeau, le bon curé retourne sous le feu au champ de bataille et ramène un deuxième blessé, puis un troisième... A l'heure où nous sommes forcé de revenir, le brave homme, accablé de fatigue, en est à son onzième voyage.

A Courbevoie et à Nanterre, il n'y a qu'un cri d'admiration pour ce prêtre courageux.

Voilà ce qu'il a toujours été, ce qu'il est et ce qu'il restera, ce clergé catholique, sur lequel vous ne craignez pas, messieurs du 18 mars, de déverser l'outrage et la calomnie!

4 avril.

La nuit, un mouvement de troupes considérable a eu lieu. De nombreux bataillons de fédérés ont été dirigés vers le Sud.

Dès l'aube, une brume intense couvre la campagne. Le vent vient du Nord. Cette double condition atmosphérique met obstacle à la perception du bruit du canon et de la fusillade. Se bat-on à Neuilly ou au delà? Il est impossible de le savoir. La Commune, si prodigue d'ordinaire d'affiches et de proclamations, se tait. Ce silence ajoute aux inquiétudes et à l'anxiété publiques ; mais, comme il est impossible que l'Hôtel de ville soit sans renseignements, on infère de ce silence que, si la lutte continue, ce ne peut être avec succès pour les troupes insurrectionnelles.

Cependant, vers 3 heures, la brume se dissipe, et on entend distinctement, à de longs intervalles, le bruit du canon.

On attend avec impatience, dans tous les quartiers, les journaux du soir. Ils paraissent enfin.

Les hostilités ont été reprises ce matin à 5 heures. Les bataillons fédérés occupaient le Bas-Meudon. De là, appuyés par les forts d'Issy et de Vanves, ils ont attaqué le château et les hauteurs de Meudon, où l'armée de Versailles avait pris position. Les gardes nationaux, vers 10 heures, perdaient insensiblement du

7.

terrain et se repliaient sous les forts. Vers midi, la fusillade se ralentit et le combat ne continue plus qu'entre la batterie du château et les forts d'Issy et de Vanves. A la dernière heure, cette nouvelle attaque des forces insurrectionnelles paraissait renouveler pour elles l'insuccès d'hier. Elles étaient commandées par le général Cluseret.

※

Vers 3 heures, un certain nombre de femmes sont réunies sur le boulevard Richard-Lenoir. Quelques-unes se détachent des groupes et cherchent à faire abandonner le travail dans les ateliers. « Lâches et fainéants, disent-elles, sont ceux qui travaillent au lieu de s'unir à leurs frères, à leurs sœurs, pour marcher sur Versailles. » Cet appel n'est point entendu dans ce centre laborieux, et les oratrices n'obtiennent qu'un succès contraire à celui qui se définit : succès d'estime.

※

Le bruit répandu depuis plusieurs jours, que les Prussiens insistent pour qu'une situation régulière et légale soit rétablie en France, prend d'heure en heure plus de consistance. Paris n'apprécie pas : il s'en remet au gouvernement de la France, c'est-à-dire à l'Assemblée.

※

Dans les quartiers où sont obéis sans conteste le Comité et la Commune, les non-adhérents sont l'objet de démarches plus que pressantes pour les déterminer à entrer dans les rangs des fédérés. C'est en armes que 10, 15 gardes, accompagnés d'un sergent, viennent les chercher et les obliger à marcher. Le 32ᵉ bataillon, qui appartient à Montmartre, a pris part dans ces conditions au combat du 3 avril. Il avait été placé au premier rang et était surveillé par le 61ᵉ, que son détestable esprit place très-haut dans l'estime du Comité fédéraliste. Son commandant est « le citoyen Razoua ».

※

J'apprends à la dernière heure que, ce matin, la redoute de Châtillon est tombée aux mains de l'armée.

5 avril.

L'engagement d'hier a été définitivement un nouveau succès pour les troupes de l'Assemblée nationale.

Aujourd'hui encore, la lutte a continué entre les fédérés parisiens et la troupe de Versailles.

Durant toute la nuit, une violente canonnade s'était engagée entre les hauteurs de Châtillon, Clamart et Meudon, et les forts d'Issy et de Vanves. Jusqu'à ce matin (9 heures), on aurait pu se croire aux plus mauvais jours du bombardement, tellement grandes étaient la violence et la fréquence des détonations.

Le plateau de Châtillon est toujours au pouvoir des troupes de Versailles.

Les gardes nationaux qui avaient projeté d'aller à Versailles en sont et en seront jusqu'à la fin réduits à se tenir sur la défensive. Un infranchissable cordon de troupes les arrête.

*

Le chiffre de 1,500 prisonniers faits dans l'affaire du 3 est confirmé par les journaux de ce soir, ainsi que la mort de Flourens et les circonstances dans lesquelles les *généraux* Duval et Henry ont été faits prisonniers. Surpris par nos soldats dans une maison où ils s'étaient réfugiés, après la débandade des troupes fédérées sous le Mont-Valérien, Flourens a déchargé son revolver sur l'officier de gendarmerie qui le sommait de se rendre. Celui-ci lui a fendu la tête d'un coup de sabre.

Quant au général Duval, il a été fusillé, séance tenante, par les ordres du général Vinoy.

Le général chef de légion Henry a été conduit à Versailles.

*

Ce matin, *le Journal des Débats, le Constitutionnel* et *le Paris-Journal* ont vu leurs bureaux de rédaction et leurs imprimeries envahis par la force armée, et les scellés apposés sur leurs presses, par ordre de la Commune. Ces journaux gênaient la Commune; la Commune les a supprimés, comme elle avait, dès le jour de son avénement, supprimé *le Gaulois* et *le Figaro*. On demande des actes à la Commune : en voilà. Son journal officiel, toutefois, n'en dit pas un mot.

※

En revanche, la feuille de l'Hôtel de ville contient un décret qui incorpore, dans les bataillons des fédérés, tous les célibataires de 17 à 35 ans. Cette levée en masse, ordonnée par une autorité sans mandat, comprenant des enfants de 17 ans, a soulevé l'indignation publique.

※

Les arrestations arbitraires continuent.

Entre toutes, je vous signalerai aujourd'hui celles de Mgr Darboy, de M. Deguerry, le vénérable curé de la Madeleine, du Révérend Père supérieur et d'un certain nombre des Pères de la maison mère des Jésuites. On ne dit point le prétexte que la Commune donne à ces arrestations.

On a pillé le collége Rollin.

6 avril.

Le *Journal de la Commune* publie ce matin un décret en six articles qui rétablit d'un seul coup la loi des suspects et le tribunal révolutionnaire.

Voici ce décret :

Art. 1er. — Toute personne prévenue de complicité avec le gouvernement de Versailles sera immédiatement décrétée d'accusation et incarcérée.

Art. 2. — Un jury d'accusation sera institué dans les vingt-quatre heures pour connaître des crimes qui lui seront déférés.

Art. 3. — Le jury statuera dans les quarante-huit heures.

Art. 4. — Tous accusés retenus par le verdict du jury d'accusation seront les otages du peuple de Paris.

Art. 5. — Toute exécution d'un prisonnier de guerre ou d'un partisan du gouvernement de la Commune de Paris sera, sur-le-champ, suivie de l'exécution d'un nombre triple des otages retenus en vertu de l'article 4, et qui seront désignés par le sort.

Art. 6. — Tout prisonnier de guerre sera traduit devant le jury d'accusation, qui décidera s'il sera immédiatement remis en liberté ou retenu comme otage.

Les criminelles arrestations auxquelles il est procédé tous les jours ont pour but de fournir les otages et les victimes qu'ont en vue les articles 4 et 5 de l'abominable décret qui précède.

*

Un troisième document, qui, celui-là au moins, n'est que ridicule, est encore inséré dans la partie officielle du journal de l'Hôtel de ville : c'est la note par laquelle le citoyen Paschal Grousset, délégué aux relations extérieures, notifie officiellement aux représentants des puissances étrangères « la constitution du gouvernement de la Commune ».

*

Le journal *la Liberté* vient à son tour d'être supprimé.

*

Tous les murs de Paris sont couverts ce matin

d'une proclamation aux départements : « Les départements ont soif de vérité, « dit-elle ; or, du premier au dernier mot, c'est le contraire que vous porte cette proclamation.

Je vous l'envoie.

De pareils documents se passent de commentaires.

Pas une ligne qui ne soit mensonge ou calomnie, et c'est de calomnier et de mentir à la province en lui révélant l'état vrai de Paris asservi sous le despotisme de la Commune que ces hommes osent accuser le gouvernement de Versailles.

AUX DÉPARTEMENTS.

Vous avez soif de vérité, et jusqu'à présent le gouvernement de Versailles ne vous a nourris que de mensonges et de calomnies. Nous allons donc vous faire connaître la situation dans toute son exactitude.

C'est le gouvernement de Versailles qui a commencé la guerre civile en égorgeant nos avant-postes, trompés par l'apparence pacifique de ses sicaires ; c'est aussi ce gouvernement de Versailles qui fait assassiner nos prisonniers, et qui menace Paris des horreurs de la famine et d'un siége, sans souci des intérêts et des souffrances d'une population déjà éprouvée par cinq mois d'investissement. Nous ne parlerons pas de l'interruption du service des postes, si préjudiciable au commerce, de l'accaparement des produits de l'octroi, etc., etc.

Ce qui nous préoccupe avant tout, c'est la propagande infâme organisée dans les départements par le gouvernement de Versailles pour noircir le mouvement sublime de la population parisienne. On vous trompe, frères, en vous disant que Paris veut gouverner la France et exercer une dictature qui serait la négation de la souveraineté nationale. On vous trompe, lorsqu'on vous dit que le vol et l'assassinat s'étalent publiquement dans Paris. Jamais nos rues n'ont été plus tranquilles; depuis trois semaines, pas un vol n'a été commis, pas une tentative d'assassinat ne s'est produite.

Paris n'aspire qu'à fonder la république et à conquérir ses franchises communales, heureux de fournir un exemple aux autres communes de France.

Si la Commune de Paris est sortie du cercle de ses attributions normales, c'est à son grand regret : c'est pour répondre à l'état de guerre provoqué par le gouvernement de Versailles. Paris n'aspire qu'à se renfermer dans son autonomie, plein de respect pour les droits égaux des autres communes de France.

Quant aux membres de la Commune, ils n'ont d'autre ambition que de voir arriver le jour où Paris, délivré des royalistes qui le menacent, pourra procéder à de nouvelles élections.

Encore une fois, frères, ne vous laissez pas prendre aux monstrueuses inventions des royalistes de Versailles. Songez que c'est pour vous autant que pour lui que Paris lutte et combat en ce moment. Que vos efforts se joignent aux nôtres, et nous vaincrons, car nous représentons le droit et la justice, c'est-à-dire le bonheur de tous par tous, la liberté pour tous et pour chacun sous les auspices d'une solidarité volontaire et féconde.

La commission exécutive :

COURNET, DELESCLUZE, Félix PYAT, TRIDON, VAILLANT, VERMOREL.

*

La liste des arrestations s'accroît aujourd'hui des nouveaux noms que voici : M. l'abbé de Mauléon, curé de Saint-Séverin ; le premier vicaire de Notre-Dame-de-Lorette.

Les fédérés ont clos leurs visites de la journée par une descente chez les Pères Lazaristes, rue de Sèvres. Interpellant le supérieur, ils lui disent : « Des ennemis de la Commune sont cachés ici ; nous allons tout mettre à sac si vous ne nous les livrez à l'instant même. »

Le supérieur, simplement, leur dit : « Suivez-moi, » et il les conduit dans une salle où gémissent vingt-cinq fédérés blessés : « Voici les étrangers que nous avons recueillis ; sont-ils républicains ou non ? Nous ne le savons pas, ce sont des souffrants ! »

Les fédérés, un peu confus, sortirent de là la tête basse.

Peut-être venaient-ils de comprendre enfin ce grand mot de fraternité.

*

Une affiche placardée hier au soir sur tous les murs de Paris invite la population à se réunir ce soir, 6, dans une salle qu'indiquent les signataires, place de la Bourse. Là on cherchera les termes d'une transaction pour mettre fin à cette guerre impie qui a déjà fait couler trop de sang.

On dit que la Commune empêchera cette réunion.

7 avril.

La réunion qui devait avoir lieu hier, place de la Bourse, a été, en effet, interdite comme je le prévoyais, par un arrêté affiché sur tous les murs de Paris.

Nous ne parlerons pas, à cette occasion, du droit de réunion. Nous savons depuis longtemps qu'à l'Hôtel de ville ce n'est plus seulement la force qui prime le droit, mais la terreur.

« Dans ces circonstances, disent les hommes du 18 mars, conciliation, c'est trahison. »

Ainsi pas de conciliation, tel est leur dernier mot.

Dès 5 heures du soir, des bataillons de fédérés, les armes chargées, campaient aux abords de la place pour faire respecter l'arrêté de la Commune, si besoin était.

※

Les démissions continuent à la commune. Aujourd'hui on annonce celles des citoyens Ranc, Ulysse Parent et Lefèvre.

※

Un mandat d'amener a été lancé hier contre M. Vrignault, rédacteur en chef du *Bien public*. Prévenu à temps, M. Vrignault n'était ni aux bureaux de la rédaction ni à son domicile privé, quand le commissaire à l'écharpe rouge et la garde nationale s'y sont présentés. Le numéro du *Bien public* d'aujourd'hui publie sous ce titre : « *De ma retraite,* » un article dans lequel son rédacteur en chef raille spirituellement ceux qui le poursuivent et qui tentent en vain de l'arrêter et même de l'empêcher d'écrire dans son journal.

M. Vrignault serait, paraît-il, coupable d'être lieutenant porte-drapeau dans un bataillon qui aurait refusé d'échanger le drapeau national contre l'étendard révolutionnaire.

Voici les arrestations du jour :

MM. les curés de Saint-Sulpice, de Saint-Laurent, de la Trinité, de Saint-Philippe-du-Roule, de Saint-Augustin, de Saint-Eustache, de Saint-Germain-des-Prés ; M. l'abbé Croze, aumônier général des prisons, ce prêtre vénéré, qui assiste à leur dernière heure et conduit à l'échafaud les condamnés à mort ; M. l'abbé Icard, supérieur du séminaire de Saint-Sulpice ; M. Pierard, directeur de la compagnie de l'Ouest, relâché après un premier interrogatoire ; on se ravise un peu plus tard, et un nouveau mandat est lancé : mais M. Pierard s'était heureusement mis en sûreté ; M. Thomassin, chef du mouvement à la même compagnie ; même tentative sur la personne de M. Paul Dupont, imprimeur, qui avait quitté Paris la veille. Perquisition chez les dames de la Miséricorde, chez M. Lafont, inspecteur général des prisons. Visites domiciliaires chez MM. Groult, fabricants de pâtes alimentaires, et chez M. Lehideux, banquier.

A toutes ces arrestations ou tentatives d'arrestation de personnes dont la situation particulière attire l'attention, il faut ajouter celles qui ont lieu constamment sur la voie publique, de citoyens paisibles et inoffensifs. Il ne se passe point d'heure qu'on ne rencontre sur les boulevards et dans tous les quartiers une ou plusieurs personnes que des gardes nationaux armés conduisent à l'État-major, place Vendôme, qui décide sommairement sur le sort de ces personnes ainsi arrêtées illégalement.

L'ambassade d'Angleterre a fait offrir aussi un asile eux dames Carmélites, à l'hôtel de l'ambassade.

※

Un décret de la Commune fixe à lundi prochain, 10 du courant, les élections, pour pourvoir aux 25 vacances qui se sont produites dans son sein, depuis le 26 mars, par suite de démissions et de quelques doubles nominations.

8 avril.

Aucune des nuits du siége, aucune de celles du bombardement, ni aucun des jours douloureux de cette douloureuse époque, ne peuvent être comparés à la nuit du 7 au 8 et à cette journée du 8.

A partir de 2 heures du matin, le triple bruit du canon, de la mitrailleuse et de la fusillade est formidable. Il est continu et sans interruption, dans toute l'acception du mot.

Le Mont-Valérien, les batteries de Courbevoie et celle du Pont réunies, ont ouvert dès l'aube un feu terrible contre la porte Maillot, dont elles essayent de démonter les pièces. En même temps, l'avenue de Neuilly est balayée par des mitrailleuses. La barricade des insurgés est tournée par la troupe, dont de forts détachements pénètrent dans Neuilly, en chassent les fédérés qui y étaient restés, et qui rentrent dans Paris par les Ternes.

Il est 3 heures, la lutte continue.

Le feu de la porte Maillot se soutient, mais des boîtes à mitraille éclatent à chaque instant au-dessus des remparts et font beaucoup de mal aux fédérés, auxquels des renforts arrivent vers 4 heures.

Depuis ce matin, l'avenue des Champs-Élysées est transformée en bivouac, où sont massés de nombreux bataillons. Sur plusieurs points, des feux sont allumés, et les gardes nationaux font la soupe.

On peut remonter l'avenue; mais les sentinelles invitent à prendre des rues détournées, car à chaque instant les obus arrivent au rond-point de l'Étoile et même au delà; en effet, plusieurs projectiles éclatent en l'air, au-dessus du monument.

Le quartier autour de l'Arc-de-Triomphe a reçu quelques obus depuis ce matin, par suite des déviations du tir; il en est tombé rue François Ier, rue de la Pelouse, rue neuve de la Pelouse et rue de Presbourg, à l'hôtel de l'ambassade ottomane, dont la façade est endommagée et les vitres brisées.

L'avenue Uhrich et surtout l'avenue de la Grande-Armée sont en plein sous le feu des canons de Neuilly.

Vers 7 heures, cette lutte qui dure depuis si longtemps semble se ralentir. Des gardes nationaux qui y ont pris part rentrent par petits groupes. Sans confesser un échec absolu, ils disent que la position de la porte Maillot, couverte toute la journée d'innombrables projectiles, n'était plus tenable au moment où on a pu constater le ralentissement de son feu.

※

Le « citoyen général » Bergeret, dans une lettre à la Commune récemment affichée sur tous les murs, faisait connaître qu'il avait pris de telles mesures qu'il avait rendu Neuilly absolument imprenable; que désormais cette place défiait une armée. Le lendemain, Neuilly était en grande partie occupé par les troupes de l'Assemblée. Un décret, inséré à l'*Officiel* de ce matin, appelle le citoyen général à « d'autres fonctions ».

Le même décret déclare le titre de général incompatible avec l'organisation démocratique, et le supprime.

Le citoyen Ladislas Dombrowski est, toujours par le même décret, nommé commandant de place, en remplacement du citoyen Bergeret. J'apprends à l'instant que ce dernier vient d'être arrêté. « Être appelé à d'autres fonctions » signifie donc à la Commune être mis en état d'arrestation.

※

Le citoyen Dombrowski est *Polonais*.

Cette nomination porte à trois le nombre des étrangers auxquels est confiée une portion des pouvoirs publics par la Commune. Les deux autres sont : le citoyen

Frankel, membre de la Commune, *Allemand*; le citoyen Cluseret, délégué au ministère de la guerre, citoyen *américain*.

*

Un arrêté de ce citoyen américain modifie le décret récent de la Commune, en étendant de 35 à 40 l'âge des gardes nationaux appelés à servir dans les compagnies de guerre de la garde nationale, et en rendant ce service *obligatoire* pour tous, de 19 à 40, que les incorporés *soient ou non* mariés.

*

M. Richardet, secrétaire de la rédaction du *National*, vient d'être arrêté à la préfecture même de police, comme *écrivain réactionnaire*. Il allait y demander un laissez-passer pour les besoins de son métier de *reporter*.

*

Il se confirme qu'une partie des presbytères des prêtres arrêtés et l'église de l'Assomption ont été dévalisés, à la suite des arrestations et même pendant qu'elles avaient lieu.

*

On commence à arrêter et à écrouer les réfractaires au décret dit : « le décret de 19 à 40 ».

9 avril.

Le gouvernement du 4 septembre avait laissé tomber en désuétude la législation relative à la presse. Le gouvernement de l'Hôtel de ville rappelle aujourd'hui les prescriptions de la loi, et menace de poursuites ceux qui ne s'y conformeraient point. Très-bien.

*

Les arrestations et les perquisitions prennent de plus en plus des proportions alarmantes.

Voici le bilan d'aujourd'hui :

Perquisition chez M. Denouille, avocat, rue Neuve-du-Luxembourg : bris d'une des caisses ; enlèvement d'une somme de 10,300 fr. qu'elle contient : la grande caisse résiste ; le serrurier déclare que 6 heures de travail sont nécessaires ; apposition des scellés sur le coffre-fort. La présence d'esprit d'un garçon de bureau a prévenu des recherches dans une autre pièce où se trouvait une troisième caisse renfermant 60,000 fr.

Perquisition aux domiciles privés de trois anciens commissaires de police.

Perquisition rue d'Assas, chez un chef d'institution : enlèvement de 1,400 fr. trouvés en caisse. Prévenu à temps, M. Thénon s'est soustrait au mandat d'amener lancé contre lui.

Perquisition chez M. Azevedo, rue Taitbout : M. Azevedo est un simple propriétaire ; on ignore encore ce qui a disparu de la maison.

Visite à la Caisse centrale des Halles.

Visite à la Caisse de l'hospice du Val-de-Grâce.

Visite à l'école Bossuet, aux Carmes ; cette visite allége la caisse de l'établissement.

Perquisition chez les Petites-Sœurs des pauvres, au faubourg Saint-Antoine ; celle-là n'a été suivie d'aucun détournement. Elle restera au contraire comme un des plus touchants épisodes de cette lamentable guerre, comme la plus haute affirmation de l'esprit de charité et de l'abnégation de nos congréganistes, par ces hommes mêmes qu'on oblige à les persécuter : c'est tout une intéressante histoire ; je l'ai lue, et les larmes me sont venues aux yeux. Je la copie dans un journal dont j'ai vérifié les informations. Elle sera pour vos lecteurs une consolation au milieu de tant de causes de si grandes afflictions :

Nous disions hier qu'aucune communauté de femmes n'avait encore été à Paris l'objet de perquisitions domiciliaires. Nous étions dans l'erreur. Un de ces asiles avait été déjà violé. Comme les perquisitions domiciliaires ont lieu, nous en sommes à peu près assurés, sans mandat pour la plupart, par zèle gratuit et à l'aventure, l'aventure a voulu que la première communauté de femmes visitées fût une maison de Petites-Sœurs des pauvres.

Tout au haut du faubourg Saint-Antoine, dans le quartier de Picpus, avant-hier, vers les 7 heures du soir (si le récit que nous avons pu recueillir est exact dans ses petites circonstances), au moment où les vieillards se couchaient et où les Petites-

Sœurs allaient prendre leur collation, un coup de feu retentit à la porte de la maison.

C'est le signal, on le sait, par lequel ces sortes d'expéditions s'annoncent. Émoi de la petite communauté et terreur dans tout l'asile. On ouvre les portes; une troupe de près de cent hommes se précipite avec fracas dans la maison. Ils sont menaçants, l'officier surtout paraît échauffé et terrible. — « Fermez les portes, s'écrie-t-il, placez des factionnaires, et, si une seule de ces femmes essaye de sortir, fusillez-la. »

La supérieure de la maison, celle que dans l'usage de la petite famille on appelle la bonne mère, était présente. Le commandant, de ce ton dont il parlait à ses hommes et qui n'admet pas de réplique, lui demande à visiter la caisse.

La bonne mère le conduit tranquillement à son tiroir, l'ouvre, et expose à ses yeux *les trésors* de la communauté.

Je n'en sais pas le chiffre, mais ce chiffre étonna le capitaine : « Vous n'avez que cela? dit-il d'un air de défiance et d'interrogation. — Pas davantage, répondit la bonne mère, c'est tout ce que nous possédons : les Petites-Sœurs vivent au jour le jour, comme les oiseaux du ciel. Du reste, monsieur, vous pouvez chercher partout. »

Il ne refuse pas; elle le conduit par la maison. C'était le soir, nous l'avons dit. Les vieillards étaient sur le point de se coucher, quelques-uns étaient déjà dans leurs lits. On entre dans le dortoir; notre capitaine y entend un concert auquel il ne s'attendait pas. Les prières et les supplications partent de tous côtés et se mêlent aux injures et aux malédictions.

— Que voulez-vous faire à nos bonnes Petites-Sœurs? c'est indigne, c'est une honte! vous êtes des lâches! Mon bon monsieur, que deviendrons-nous si vous nous les enlevez?

Les bonnes femmes étaient furieuses, quelques bons hommes pleuraient. Le capitaine se sent troublé. Il tâche de rassurer tout ce pauvre monde.

— N'ayez pas peur, bonnes gens, nous ne ferons aucun mal aux sœurs, leur dit-il. Il avance ainsi quelque temps; mais, plus il avance, plus il a à multiplier les promesses et plus il s'engage. Il s'arrête enfin.

— Ma sœur, dit-il, vous n'avez pas fermé votre tiroir.

— C'est vrai, monsieur, répond la bonne mère, mais je n'en ai pas l'habitude. Chez nous, vous savez, c'est bien inutile.

— Du tout, du tout, reprend l'officier, il faut le fermer, cela vaut mieux ; je ne connais pas tous les gens qui sont là ! »
Il rebrousse chemin vivement, ferme le tiroir sans toucher au contenu, et remet la clef à la bonne mère. Il est ému et tout à fait radouci : il ne peut s'empêcher de dire :

— Je ne savais pas ce que c'était que les Petites-Sœurs ; c'est bien beau, ce que vous faites... se dévouer ainsi à tous ces pauvres vieux !...

En le voyant si bienveillant, une petite sœur des plus effrayées dans le principe, une sœur Simplicienne, comme il y en a dans toutes les communautés, se hasarde d'approcher et de dire : « Monsieur l'officier, nous avons grand'peur. On nous a dit que les rouges voulaient venir chez nous faire des perquisitions. Vous serez assez bon pour nous protéger ? — Certainement, répond l'officier. Donnez-moi la main, ajoute-t-il en tendant la sienne, je vous promets que, si quelqu'un veut vous tourmenter, il aura affaire à moi !

Cependant la supérieure offrait à boire à la compagnie. Quelques gardes seulement acceptèrent. Le plus grand nombre refusa, et toute la troupe prit congé d'un tout autre air qu'elle n'était entrée.

« Je ne savais pas ce que c'était que les Petites-Sœurs ! » Combien d'autres de ces malheureux égarés l'ignorent aussi ! — *Pater, dimitte illis...*

Ils sont coupables sans doute ; les vrais misérables sont ceux qui leur persuadent que les communautés religieuses renferment des richesses et fomentent des complots. Ceux-là, Dieu peut toujours leur pardonner, mais la société leur doit demander un compte sévère de leurs perversités, sinon elle périra malgré tous les trésors de foi, de prière et de charité qu'elle renferme dans son sein, et qui ont si vivement touché et transformé l'officier et les gardes nationaux dont nous parlons.

*

Arrestation de M. Rabut, commissaire spécial de police, à la Bourse.

*

Une nouvelle complication : les boulangers commencent à refuser les bons de pain délivrés par les conseils de famille de la garde nationale.

De leur côté, les bouchers menacent de fermer leurs étaux, si, en vertu du décret sur la levée en masse, on exige l'incorporation des garçons bouchers dans les compagnies de marche.

*

L'insurrection dispose la place de la Concorde en camp retranché. Depuis ce matin, des barricades sont commencées. L'une s'élève à l'entrée des Champs-Élysées, l'autre à l'entrée de la rue de Rivoli, la troisième à l'entrée de la rue Royale, et la quatrième interceptera les communications par le pont de la Concorde.

10 avril.

Un journal dévoué à la Commune annonce que la journée d'hier aurait coûté aux bataillons fédérés 225 morts et 125 blessés.

Paris a joui aujourd'hui d'une tranquillité relative. Le canon ne s'est fait entendre que de loin en loin.

※

Un certain nombre de bataillons de fédérés ont pris dès le matin la direction d'Asnières, qui est au pouvoir des insurgés. C'est ce point que le nouveau chef des fédérés, le Polonais Dombrowski, a choisi comme centre de ses opérations.

※

Ordre, contre-ordre : désordre.

Annoncées pour le 5, les élections complémentaires de la Commune avaient, par décret du 4, été remises indéfiniment. Le 8, un autre décret les fixe au 10 avril. Ce matin même, 10, un nouveau décret les renvoie aux calendes grecques.

※

Les bataillons fédérés eux-mêmes se sont émus de la nomination de leur nouveau chef militaire. Une proclamation de la Commune, affichée ce matin sur les murs de Paris, apprend à la garde nationale quels sont les titres du citoyen Dombrowski à sa confiance, titres qui ont déterminé le choix de la Commission exécutive :

1° Il est Polonais;

2° Garibaldi l'estime tout particulièrement;

3° Il a fait la guerre du Caucase;

4° Enfin il est « dévoué à la République universelle ».

Le citoyen Vermorel, membre de la Commune, aurait été tué hier aux avant-postes.

※

L'exécution violente du décret de 19 à 40 continue. Des individus en tenue de gardes nationaux arrêtent les citoyens sur la voie publique, les entraînent de vive force et les contraignent à s'enrôler. Ils sont armés et habillés malgré eux. Ces arrestations ont leur nom. On les appelle : « *la chasse à l'homme* ».

※

Les cloches de toutes nos églises sont demeurées muettes, en ce saint jour de Pâques ! La Madeleine était fermée ! La ville est profondément triste.

※

Les rares journaux d'ordre que l'intolérance de l'Hôtel-de-Ville n'a point supprimés ou forcés à suspendre leur publication sont d'accord pour signaler une certaine tendance à la lassitude et à la résistance de la part de quelques bataillons. Il en est où des compagnies adhérentes dès le début refusent et le service et la solde.

※

A propos des journaux d'ordre qu'honorent les persécutions de la Commune, il n'est pas sans intérêt de constater la multiplication des organes officieux de l'Hôtel-de-Ville.

Nous avions déjà : *l'Affranchi, la Montagne, le Ven-*

geur, *le Père Duchêne, la Mère Duchêne*, etc.; il faut ajouter à la liste 4 nouveaux nés : *le Bonnet rouge, Paris libre, la Sociale* et *Caïn et Abel*. Leur seule mission, comme celle de leurs aînés, est de mentir au profit de l'Hôtel-de-Ville et d'insulter, dans la langue qu'on sait, la province et ses représentants.

*

La malheureuse mère de Flourens a voulu pour son fils coupable les prières de l'Église. Elle a demandé à notre mère commune son assistance miséricordieuse.

L'une des feuilles auxquelles je viens de faire allusion a eu le triste courage de blâmer la pauvre mère.

Ce blâme sacrilége inspire à un journal du soir les lignes que voici :

« La mère de Gustave Flourens a causé un grand scandale aux collaborateurs de Félix Pyat et à M. Paschal Grousset; n'a-t-elle pas eu l'idée de faire accompagner par un prêtre les restes sanglants de son fils?

« N'a-t-elle pas eu, dans ce douloureux moment, la pensée réactionnaire et outrageante pour la Commune de consulter son cœur, sa foi, sa tendresse maternelle, ses espérances immortelles, plutôt que le programme de l'Hôtel-de-Ville?

« *Le Vengeur* se déclare offusqué.

« Il faut que les vieilles mères adoptent les idées de leurs fils, même quand ces idées les atteignent au plus profond de leurs croyances!

« Pleurer son enfant, c'est bien, mais il faut le pleurer avec un bonnet rouge; le pleurer devant un crucifix, cela déshonore les soldats de la Commune!

« Quels malheureux enfants sans mère ont pu écrire de pareilles stupidités! Et c'est au nom de la liberté de conscience que ces sottises se débitent! »

*

Toujours les arrestations.

J'enregistre aujourd'hui celles de M. le premier vicaire de Saint-Pierre-Montmartre et de la mère de M. le curé de Saint-Leu.

En dehors du clergé, on cite celles de M. le docteur Morel, à Auteuil, et de M. Glais-Bizoin, ancien membre du gouvernement de la Défense nationale.

Place de la Madeleine, deux individus marchent entre une haie de gardes nationaux. Je m'informe. Reconnus par un garde national comme ayant appartenu au corps des sergents de ville, et signalés à une patrouille, ces deux individus ont été immédiatement arrêtés. On les conduit à la Place.

J'apprends aujourd'hui seulement l'arrestation opérée avant-hier aux Ternes, de 20 habitants, soit de cette localité, soit de la porte Maillot. Après un premier interrogatoire, quelques-uns ont été relâchés, le surplus écroué à la Conciergerie.

Toutes ces arrestations arbitraires prouvent surabondamment qu'à l'heure actuelle pas un Parisien n'est en sécurité dans son domicile, où, sans motif, sans prétexte même, on peut venir l'arrêter à chaque instant.

Un journal fait ce matin, à ce sujet, la réflexion suivante : « Si chacun des honnêtes gens qu'une dénonciation lancée légèrement peut surprendre se souvenait du citoyen Mégy et accueillait, le revolver au poing, les délégués du Comité de sûreté publique, que dirait la Commune? »

On évalue jusqu'ici à près de 900 le nombre des arrestations opérées.

*

Je ne saurais mieux terminer ces notes qu'en relevant ici le premier paragraphe d'un article que publie dans son dernier numéro *le Bien public*. Il est impossible de traduire l'impression générale, d'exprimer le sentiment de la population parisienne avec plus de netteté et de vérité que ne le fait M. Vrignault dans ces quelques lignes :

« Comme pouvoir politique et gouvernement national, la Commune a fait ses preuves. Elle a eu le champ libre pour s'affirmer; elle l'a fait; nul à cette heure ne l'ignore; nul ne peut arguer d'ignorance pour lui refuser son amour ou son mépris.

« Notre choix est fait.

« Nous haïssons et nous méprisons la Commune politique, parce qu'elle est la plus odieuse et la plus inepte des usurpations; parce que son règne aura été le plus éphémère et le plus stérile des règnes. Sa formule dans

l'histoire sera celle-ci : « Avoir fait le plus mal pos-
« sible, en aussi peu de temps que possible. » Elle a
attaqué tout ce qui est bon, encouragé tout ce qui est
méprisable; nié tout ce qui élève l'homme, fait le citoyen, fonde la patrie; affirmé tout ce qui avilit l'âme
et tue le corps. »

11 avril.

Il y a aujourd'hui dix jours qu'a été échangé le premier coup de feu entre l'armée constitutionnelle et la garde nationale rebelle.

Après beaucoup de sang répandu, force restera certainement au droit, à la loi; mais jusqu'ici aucune prévision ne saurait encore marquer la dernière heure de cette malheureuse lutte. Puisse cette dernière heure être proche !

Le combat continue. Il a toujours pour théâtre Asnières, Neuilly, la porte Maillot, et, d'après certains indices, il se serait étendu tantôt jusqu'à Montrouge et Bagneux. Toute la journée s'est d'ailleurs passée sans incident remarquable, jusqu'à 9 heures. A ce moment, une canonnade épouvantable se fait entendre dans la direction d'Issy, Vanves, Clamart, Châtillon. Au bruit du canon se mêle le craquement sinistre, plus douloureux encore à l'âme, de la mitrailleuse, et un feu nourri de mousqueterie. On dit que ce sont les troupes de Versailles qui tentent une attaque sur les deux forts d'Issy et de Vanves. A demain les détails, que je tâcherai d'obtenir ce soir.

*

Parmi les moyens auxquels recourt la Commune pour exciter au combat les fédérés, il faut noter ses décrets qui déclarent adopter les veuves et les orphelins

La feuille officielle de ce matin dispose qu'une pension de 600 francs sera accordée aux veuves, une autre de 365 francs à chacun des enfants ; sont adoptés également les père, mère, frères et sœurs des victimes. Des pensions leur seront aussi allouées : elles pourront s'élever jusqu'à 800 francs par personne.

*

On annonce les démissions des citoyens Delescluze, Amouroux et Goupil, de leurs fonctions de membres de la Commune. Le citoyen Amouroux serait arrêté.

*

Le Comité central et la Commune ne vivent point, paraît-il, en très-bonne intelligence. Chacune de ces deux assemblées dit de l'autre qu'elle empiète sur ses droits et sur ses pouvoirs. Là serait la cause des querelles intestines qui ont lieu chaque jour au sein des deux assemblées réunies. On accuserait même le Comité d'avoir voulu s'emparer de nouveau de l'Hôtel de ville.

*

La mort du citoyen Vermorel est démentie, mais on ne dit point ce qu'il est devenu.

*

Des bruits de conciliation circulent ce soir; qu'ont-ils de fondé?

*

Les barricades commencées il y a quelques jours en avant de la rue de Rivoli, de la rue Royale et du pont de la Concorde, n'ont pas été continuées; ce qui avait été fait a même été démoli.

*

Le colonel Langlois, représentant de la Seine, avait été une première fois condamné à mort par un certain tribunal occulte qui paraît être la plus pure émanation du fameux Comité central, comme coupable d'avoir servi de chef d'état-major de la garde nationale à l'amiral Saisset.

Dans la séance du 8 avril, le colonel a dit en pleine tribune, à Versailles, que M. Thiers était l'homme nécessaire de la situation. Ce second crime a valu à M. Langlois une deuxième condamnation à mort par ce mystérieux tribunal, auquel nous devons toutes les arrestations qui ont lieu depuis le 18 mars.

*

Ce matin, vers 11 heures, je suis témoin de celle du vénérable frère Calixte, assistant du supérieur général des Frères de la doctrine chrétienne, rue

Oudinot. La maison a de nombreuses issues; des sentinelles ont été placées à chacune d'elles. Le mandat d'amener était décerné contre le supérieur. En l'absence du Frère Philippe, on a emmené le Frère Calixte. A la suite de cette arrestation, la perquisition obligée. Non-seulement Paris sait, mais la France entière a appris avec quelle abnégation, avec quel pieux dévouement les dignes frères des écoles chrétiennes ont fait leur devoir pendant le siége. En ce moment encore ils sont sur le champ de bataille de cette cruelle guerre. Et voilà comment on les récompense! Une consolation nous reste : ces religieux vénérés sont les apôtres de celui qui a dit : « Mon royaume n'est pas de ce monde. » Qu'importent donc les inutiles persécutions dont on les poursuit?

Ont été également arrêtés dans la journée : MM. Lucas, architecte; Mathias, ingénieur en chef, directeur du chemin de fer du Nord, et Lucien Dubois, inspecteur des halles et marchés.

*

On pouvait voir ce soir, entre 4 et 5 heures, rue du Cherche-Midi, un groupe d'une centaine de créatures qui n'ont de la femme que le nom, se diriger vers la porte d'Issy. Elles étaient armées du fusil à tabatière, vêtues de pantalons et de capotes de la garde nationale, coiffées du képi. Elles allaient, disaient-elles, défendre Paris à côté de leurs maris. Si dans cette foule de mégères quelques-unes avaient des maris, ce que nous ne croyons pas, elles étaient en bien petit nombre. Dans tous les cas, quant à la masse, la police, au temps où Paris avait une police, eût établi plus facilement, à l'aide des casiers judiciaires et des notes de la sûreté, le passé et le présent coupables de ces créatures, qu'aucune d'elles n'eût justifié de son acte de mariage. Les honnêtes femmes les huaient partout sur leur passage.

12 avril.

Il devient de plus en plus difficile de rendre compte des engagements qui ont lieu entre les troupes régulières et les fédérés. Une consigne des plus sévères interdit la sortie aux portes, et il n'est plus délivré de laissez-passer aux *reporters* de la presse de l'ordre. Lorsqu'ils se présentent pour en obtenir, on les arrête. Toutes les informations recueillies sur le combat d'hier au soir sont contradictoires. Selon les uns, ce sont les troupes versaillaises qui ont ouvert le feu sur les forts de Vanves et d'Issy, par l'attaque vigoureuse qui, à 9 heures et quelques minutes, mettait tout Paris en émoi. Selon les autres, au contraire, ce sont les fédérés qui auraient, en nombre, tenté un coup de main sur le plateau de Châtillon, occupé par les troupes versaillaises, et en auraient été repoussés. Où donc est la vérité? Quoi qu'il en soit, ce terrible engagement aurait laissé chacun dans ses positions. Quant aux pertes, les dépêches intéressées des fédérés disent qu'elles ont été considérables du côté de l'armée de Versailles, mais nulles de leur côté. Selon le citoyen délégué à la guerre, la garde nationale aurait eu 2 blessés et 1 tué seulement dans ce combat acharné, d'une violence sans égale, sans précédent, où simultanément le canon, la mitrailleuse, la mousqueterie ont donné pendant plus d'une heure, sans cesser une seconde, sous un ciel qu'embrasait le reflet de leurs sinistres éclairs. Il est vrai qu'ici encore la contradiction apparaît. En regard de la déclaration officielle se placent celles des gardes nationaux qui ont pris part à l'affaire; ils avouent des pertes sérieuses. Elles l'ont été à ce point qu'un certain nombre de voitures des maraîchers établis aux environs ont dû être requises pour amener en ville, dans la nuit même, les morts et les blessés. Ce n'est donc point seulement d'un côté que tant de sang a encore malheureusement coulé dans cette soirée.

*

La redoutable guerre des rues est engagée à Neuilly. Les soldats de Versailles qui occupent cette localité y ont été attaqués ce matin par de fortes colonnes de fédérés venus d'Asnières. Plusieurs versions circulent ce soir sur les résultats de la journée. D'après les uns ils seraient favorables à l'armée régulière; d'après les autres, les troupes versaillaises se seraient en partie repliées dans l'île de la Grande-Jatte.

*

La ville de Paris est propriétaire de nombreux immeubles habités par de nombreux locataires. Elle possède, entre autres propriétés, l'Entrepôt des vins. On lit dans la feuille officielle de ce matin : « Le délégué à la direction des contributions directes invite les négociants à acquitter, dans le plus bref délai, le loyer des magasins qu'ils occupent dans l'entrepôt. » Mais alors que devient le décret qui fait remise aux locataires des termes d'octobre, janvier et avril? Les négociants qui habitent la propriété de la Commune sont-ils donc moins dignes de sa sollicitude que ceux qui habitent la propriété particulière? ou les droits de Paris, propriétaire, sont-ils plus respectables et sacrés que les droits de M. Pierre ou de M. Paul? La presse pose cette triple question à MM. de la Commune.

※

Les bruits de conciliation persistent. Une délégation des chambres syndicales des diverses branches de commerce et de l'industrie aurait été chargée de porter au gouvernement les doléances de la population.

※

On annonce la mise en liberté de M. le curé de Saint-Eustache. Son élargissement a été obtenu par les dames de la halle qui appartiennent à la paroisse et vénèrent leur digne pasteur.

Le vénérable frère Calixte a également été remis en liberté.

Par contre, arrestation de M. Tresca, directeur du Conservatoire des arts et métiers.

*

Le gouvernement de la Commune fait déclarer par l'un de ses organes officieux que « l'or et l'argent trouvés dans les églises et presbytères, à la suite des perquisitions, et l'argenterie des ministères ont été envoyés à la Monnaie. »

« C'est donc, dit cette feuille, un changement d'usage que la ville de Paris a fait subir à sa propriété. »

Un journal du soir, en enregistrant cette déclaration, l'accompagne de la réflexion suivante :

« Si les églises sont des propriétés communales, il n'en est pas de même du mobilier qui les garnit.

« L'argenterie des ministères appartient à l'État. La ville ne peut donc se l'approprier que par spoliation.

« Prendre le bien d'autrui, cela peut, suivant certaines gens, s'appeler transformation de la propriété.

« Dans la langue de tout le monde, cela s'appelle voler. »

13 avril.

Aucun changement n'est survenu dans les situations respectives des combattants. La canonnade continue intermittente entre le plateau de Châtillon et les forts de Vanves et d'Issy. La porte Maillot, de son côté, soutient le feu du Mont-Valérien et du pont de Courbevoie, qui lui font le plus grand mal. Les fédérés ont établi hier au Trocadéro une nouvelle batterie tournée également contre la formidable forteresse qui ne paraît point s'en inquiéter autrement. Il se confirme qu'une portion des troupes régulières se serait repliée sur l'île de la Grande-Jatte. — Les fédérés, maîtres d'une partie de Neuilly, auraient soutenu *avec succès*, aujourd'hui comme hier, un combat très-vif d'infanterie engagé à toutes les issues de la ville et dans un grand nombre de rues. Toutefois l'origine officielle de ces derniers renseignements les rend suspects à la presse entière. Aujourd'hui comme hier, en effet, aucun *reporter* n'a pu approcher des remparts et encore moins les franchir.

*

On sait par les arrestations illégales et arbitraires qui se multiplient à Paris le respect que les hommes du 18 mars professent pour la liberté individuelle. On sait par les arrestations des prêtres et la fermeture des églises le respect qu'ils professent pour la religion et la liberté de conscience. On sait par les perquisitions et le pillage qui se pratiquent sur une grande échelle le respect qu'ils professent pour la propriété. Ils devaient bientôt témoigner de celui que leur inspire la *famille*.

J'ai enregistré en son temps le décret du 10 avril sur les pensions aux veuves des gardes nationaux.

L'article 1ᵉʳ ne donnait lieu à aucune observation dans les termes où le décret du 10 avril présentait les droits de la veuve à la pension. Il ne pouvait y avoir de doute. Il s'agissait de la femme mariée. Grand est mon étonnement en lisant ce matin sur les murs de Paris ce même décret du 10 avril. Toute distinction y est effacée : le droit à cette pension est ouvert pour « la femme mariée ou non du garde national tué, etc. » Cette disposition était du reste appelée par l'article 2 du même décret, aux termes duquel les enfants naturels non reconnus sont, civilement, dotés au même titre que les enfants légitimes. Voilà ce que deviendrait à la Commune, si on la laissait faire, cette base éternelle et impérissable de l'ordre social, la famille; voilà ce qu'y deviendrait la loi sainte et sacrée du mariage.

*

Les raisons qu'avait données la Commune pour ajourner indéfiniment les élections disparaissent devant l'affirmation du citoyen Cluseret qu'il est en mesure de faire voter ses avant-postes; donc, convoquées pour le 6 mars une première fois, pour le 10 une seconde fois, les élections de la Commune le sont une troisième fois pour le dimanche 16. Quelle administration modèle !

*

J'ai consigné quelque part un décret qui supprime le grade et le titre de *général*. Le journal de l'Hôtel-de-Ville de ce matin promulgue un décret qui détermine la solde des *généraux*.

*

Un décret de la Commune en date du 12 courant, considérant notamment « que la colonne impériale de la place Vendôme est un monument de barbarie », décrète : « La colonne de la place Vendôme sera démolie. »

La colonne Vendôme, quels que soient les motifs qui en ont déterminé l'érection, est à la fois une œuvre d'art et un monument historique au même titre que l'Arc-de-Triomphe, celui du Carrousel, etc. En en décrétant la démolition, la Commune fait acte de vandalisme; qui cela étonnera-t-il?

*

La garde nationale, dans certains quartiers, commence à opposer à la Commune une force d'inertie qui, en persistant et en s'accentuant, ne tardera pas à produire les meilleurs résultats.

C'est ainsi que le citoyen délégué à la guerre, constatant « le mauvais vouloir de quelques bataillons qui entrave et paralyse la bonne volonté des citoyens dévoués », vient de prononcer le licenciement de sept de ces bataillons et d'ordonner leur réorganisation.

Quant au 116e, plus net encore dans son opposition, il a déclaré qu'il refusait tout service au rempart et que, si on tentait de le désarmer, il était résolu à se défendre. Cet exemple aura des imitateurs.

La Commune a appelé à la direction générale des douanes le citoyen Révillon. Le premier acte de pouvoir du nouveau directeur général a été la révocation de son père, homme très-honorable, chef de l'un des bureaux de cette grande administration dans laquelle il comptait 28 ans de service.

*

On dit que le citoyen Cluseret s'entoure au ministère d'un comité d'Américains qui inspire ses résolutions et sa conduite. Les compatriotes du général américain appartiendraient à l'Internationale.

*

Deux journalistes ont été arrêtés hier : MM. Balathier de Bragelonne, de la *Petite Presse*, et Chaudey, du *Siècle*. Le premier a été remis en liberté. Le second est au secret.

14 avril.

La journée avait été à peu près calme. Il n'en a pas été de même de la nuit. A la même heure que dans la soirée du 11, c'est-à-dire vers 9 heures, une action en tout semblable à celle qui avait fait croire à une attaque désespérée des forts de Vanves et d'Issy s'engage. Toutes les maisons dans un rayon étendu sont ébranlées par les détonations formidables du canon, le craquement des mitrailleuses et les feux de mousqueterie. A minuit, accalmie. Mais, à 3 heures, l'engagement semble reprendre avec plus de violence encore. Paris était aux fenêtres dans tous les quartiers voisins du théâtre de la lutte, qu'on pouvait croire un moment se passer sur le rempart même. Le vent du sud soufflait en effet, et nous apportait entier ce bruit formidable. Nous assistions en quelque sorte à la bataille. De toutes les poitrines s'échappaient les plus douloureuses exclamations; chacun priait Dieu, lui demandant la fin de cette abominable guerre.

La nuit du 15 au 16 janvier est celle où le bombardement fut le plus violent. Vers 2 heures du matin, à la suite d'une détonation formidable, la pendule de mon salon s'arrêta instantanément. Le même phénomène s'est reproduit deux fois durant les combats des nuits du 11 au 12 et du 14 au 15 avril.

*

Les bruits de conciliation qui avaient pris ces jours derniers quelque consistance ne se confirment pas aujourd'hui. Une entrevue a eu lieu entre les délégués de la Ligue républicaine et M. Thiers. Le chef du Pouvoir exécutif a démontré à ces messieurs que les lois votées ou celles en voie d'élaboration donnaient à Paris toutes les satisfactions de droit commun auxquelles Paris pouvait prétendre. Ces messieurs, dans un rapport à la Ligue, résument sans conclure les déclarations de M. Thiers. Si complètes que soient les satisfactions accordées par le gouvernement, on dit que cette association les trouve insuffisantes. A supposer qu'elle les acceptât, l'Hôtel-de-Ville, dans tous les cas, les repousserait. La situation aujourd'hui est celle-ci :

La Ligue républicaine n'était, au jour où elle ouvrit des négociations avec Versailles, ni avec la Commune ni avec le gouvernement de l'Assemblée. Elle était neutre, ayant une tendance à se rapprocher plutôt de la première que du second.

La Ligue a désormais le choix entre deux solutions :

Ou elle acceptera les déclarations de M. Thiers à ses délégués, et alors elle rallie au chef du Pouvoir exécutif une fraction importante des républicains avancés de Paris;

Ou elle repousse ces déclarations, et, dans ce cas, se jetant du côté où elle penche déjà, elle apportera aux hommes du 18 mars une force incontestable qu'il ne faut pas s'exagérer, sans doute, mais qui viendra ajouter aux difficultés de la situation.

Attendons.

*

Paris devient chaque jour plus triste. Il sera sauvé, il le sait bien, mais quand?

L'heure de la délivrance se fait attendre. Les souffrances du siége et du bombardement ne sont rien si on les compare à celles qu'il endure depuis le 18 mars, c'est-à-dire depuis un mois tout à l'heure. La misère pénètre, que dis-je? a pénétré dans tous les intérieurs.

Les économies réalisées dans le passé, le crédit, la confiance, ont fait vivre la population pendant six mois. Les premières sont épuisées, les deux autres ont disparu, emportés par le déplorable triomphe d'une poignée de révolutionnaires malintentionnés. Quelque mal qu'elle ait produit, dit-on, l'entrée des Prussiens dans Paris, si légitimement redoutée et qu'il a tout fait pour conjurer, n'eût jamais imposé à la population les souffrances morales et matérielles dont l'accable le pouvoir détesté de l'Hôtel-de-Ville. Cette comparaison donne la mesure de l'état des esprits et des choses dans la grande cité.

*

L'odieux système des arrestations et des perquisitions suivies de pillage continue du reste à être appliqué avec une scandaleuse persistance. Voici le bilan du jour :

Un vénérable prêtre, arrêté aux environs de la place Dauphine, sous le prétexte qu'il examinait avec de mauvaises intentions les abords de l'ex-préfecture de police.

Perquisition au presbytère et dans l'église Saint-Éloi. Papiers et valeurs emportés, y compris le tronc des pauvres.

Perquisition chez M. Thiers ; mise à sac de son hôtel. Arrestation de ses domestiques. Envoi de son argenterie à la Monnaie.

Perquisition à l'hôtel du marquis de Galifet.

Arrestation de M. Dalouvert, ancien commissaire de police.

Arrestation des domestiques de M. de Persigny.

Perquisition à l'hôtel des frères Pereire. Les vins, en particulier, trouvés dans les caves, sont emportés.

Arrestation, en l'absence du patron, du gérant de la maison de corroierie Durand, 17, rue des Gobelins. Cette maison est accusée d'avoir laissé libre l'accès de ses ateliers aux ouvriers qui persistaient à vouloir travailler, et de leur faciliter ainsi le moyen de se soustraire au décret de 19 à 40. Interdiction du travail même aux vieillards et aux apprentis.

Enfin, perquisition au pensionnat des dames du Sacré-Cœur, 33, boulevard des Invalides. A 4 heures, ce soir, 50 hommes en armes cernent ce vaste établissement, — la providence des pauvres du quartier.

Deux « citoyens » en bourgeois, un officier et quelques gardes s'en font ouvrir les portes et y pénètrent. Mis en présence de la digne supérieure, ils lui font connaître le but de leur visite. La vénérable mère se met à leur disposition. Depuis la chapelle jusqu'au jardin tout fut fouillé. On ne trouva rien, bien entendu, des prétendus papiers compromettants qui étaient le prétexte de la perquisition. La caisse cependant contenait quelques billets de banque de 100 fr. et deux passe-ports belges. Celui qui paraissait le chef de l'expédition s'en empara, et l'opération s'acheva sans autre incident. Au moment où il allait prendre congé des religieuses, la vénérable mère, s'adressant à ce même chef, lui dit : « Mais alors, monsieur, si vous emportez les quelques centaines de francs que vous venez de prendre, et qui forment toutes nos ressources dans ces moments difficiles, comment vivrons-nous? »

Touché sans doute par l'accent de vérité de la bonne sœur, celui-ci restitua la somme, conservant seulement les deux passe-ports. Pour prix de cette restitution, il obtint qu'une porte différente de celle par laquelle il était entré lui serait indiquée pour sortir. La foule indignée murmurait à l'autre issue.

※

Il paraît que les citoyens Assi et Bergeret ont été traduits devant le tribunal de la Commune. Le premier a été acquitté et a repris immédiatement son siége à l'hôtel de ville, le second a été maintenu en état d'arrestation.

Pourquoi Assi a-t-il été arrêté? quels juges l'ont absous? pourquoi Bergeret a-t-il été moins heureux? Mystère!

※

Les indiscrétions de quelques journaux entretiennent leurs lecteurs de vilaines affaires dans lesquelles sont mêlés les noms de deux notabilités militaires de l'insurrection. Le général Dombrowski aurait été, paraît-il, compromis dans le procès qui, il y a quelques années, eut un certain retentissement en Europe. Il s'agissait de la fabrication, à Londres, de faux billets de banque russes. La place de Paris en vit émettre pour une somme relativement importante. Le « citoyen » Dombrowski fut impliqué dans les poursuites dirigées contre les auteurs de l'émission et passa en cour d'assises. Il fut acquitté.

Quant au général Cluseret, Français d'origine, avant de renier son pays et de se faire citoyen américain, il était officier dans l'armée d'Afrique. Il en sortit par la mauvaise porte, et ne donna sa démission que pour échapper au conseil de guerre dont il était menacé. Il aurait obtenu des magasins de l'État, sous le prétexte du service, des objets de literie et de campement qu'il aurait vendus à vil prix à un juif.

La presse s'étonne qu'aucun démenti ne soit donné par le *Journal officiel* aux affirmations précises des feuilles en question.

15 avril.

Les dépêches officielles des généraux de la Commune présentent le combat de la nuit du 14 au 15 comme ayant été absolument à l'avantage des fédérés. Ils sont vainqueurs sur toute la ligne. Toutes les attaques des Versaillais sont repoussées; et les fédérés leur font subir des pertes considérables. Quant à ces derniers, dans ce combat acharné, provoqué naturellement comme toujours par les troupes de Versailles, ils n'ont pas même eu un mort. Le 86ᵉ bataillon seul a « sept blessés sans gravité ».

Ces dépêches ne trompent personne : Paris sait à quoi s'en tenir. Le mensonge officiel ne peut rien contre l'encombrement des ambulances. Vainement attend-on la nuit pour rentrer en ville les morts et les blessés ; vainement éteint-on le gaz sur le parcours des voitures requises pour ces transports ; la triste vérité est apportée par ceux que la mort a épargnés, et chaque quartier, chaque compagnie, chaque bataillon sait ses pertes : il les dit, et elles sont nombreuses.

Voilà comment Paris sait la vérité par Paris même. Mais elle lui est confirmée aujourd'hui par Versailles, qui nous apprend, d'une part, qu'il n'est point vrai, comme le prétend la Commune, que ce sont les troupes de l'Assemblée qui attaquent, mais toujours les fédérés ; que, d'autre part, dans les combats ainsi imprudemment engagés par les bataillons insurrectionnels, ces derniers, repoussés constamment, subissent les pertes les plus sérieuses. La situation est donc celle-ci : Il n'est point entré jusqu'ici dans la pensée du gouvernement de faire un pas en avant ; il ne souffre pas que la garde nationale en essaye un de son côté. Le gouvernement gardera ses positions et maintiendra les fédérés dans les leurs, jusqu'au jour prochain d'une action décisive, qui mettra un terme à la guerre. Voilà qui est clair et précis. Nous saurons désormais à quoi nous en tenir sur les prétendues attaques de l'armée et les prétendues victoires de MM. Cluseret et Dombrowski.

Au premier rang des journaux de la Commune se place *le Rappel*, organe, on le sait, de la famille Hugo. Au milieu des graves événements qui commençaient à s'accomplir, on demandait à ce journal pour qui il était ; et il répondait :

« Pour qui nous sommes ? Pour quel pouvoir ? Pour quelle force ? Pour quelle souveraineté ?

« Nous sommes pour le peuple.

« Nous entendons par « le peuple », le peuple intelligent, le peuple qui sait lire et qui peut comprendre, le peuple éclairé et actif des grandes villes, non le peuple ignare et inepte des campagnes ; dans le corps social, nous voyons le cerveau et le cœur qui régissent l'organisme, non les membres qui leur obéissent.

« Ce que nous défendons et ce que nous soutenons, c'est donc uniquement e peuple, le peuple des villes, et particulièrement cet admirable peuple de Paris. »

Voilà comment le plus autorisé, le plus considérable des organes de la Commune révolutionnaire traite la France rurale, qu'elle aspire à gouverner, en la définissant « un peuple ignare et inepte ».

Les insultes que lui prodiguent les autres journaux écarlates sont de celles qui ne se reproduisent pas.

Le bulletin quotidien des arrestations et des perquisitions est moins chargé qu'hier.

C'est le couvent dit « des Oiseaux », rue de Sèvres, qui ouvre la liste aujourd'hui. Au moment où j'écris, l'établissement livré à une minutieuse perquisition est encore occupé militairement, et toutes les issues en sont gardées, comme hier au Sacré-Cœur.

Arrestation du vénérable curé de Saint-Roch, M. Milliaux, et de l'un de ses vicaires, M. Chapelain. Perquisition dans l'église et au presbytère.

Arrestation du docteur Claude.

On a tenté d'arrêter Timothée Trimm, du *Petit Moniteur*; il a jusqu'ici échappé à toutes recherches.

Depuis 8 jours, l'institution de M. l'abbé Lévêque, à Auteuil, est livrée au pillage des fédérés, qui s'y sont installés en maîtres.

Une maison signalée rue des Écuries-d'Artois, dont je n'ai pu savoir le numéro, comme renfermant un dépôt d'armes, a été fouillée sans résultat, de la cave au grenier.

16 avril.

On annonce que le général de Fabrice, commandant en chef des troupes allemandes, a transféré de Rouen aux environs de Saint-Denis son quartier général. Beaucoup voient dans cette mesure la menace de l'intervention prussienne dans nos tristes discordes civiles.

Le gage de la Prusse ne consiste pas seulement dans le territoire français. Ce qui le constitue sûrement, c'est le travail, l'industrie; ce qui garantit l'exécution des engagements de la France, c'est la reprise des affaires. En se prolongeant, la guerre civile compromet donc le gage de nos ennemis : il périclite, cela est vrai; mais Paris a foi dans la sollicitude du gouvernement de l'Assemblée nationale, et, si le transfert du quartier général prussien est une précaution, il espère que la solution prochaine annoncée par le chef du Pouvoir exécutif la rendra inutile.

※

En attendant, le prix des denrées a subi une nouvelle hausse, qui tient et à cette cause et aux légitimes défiances de la province, qui s'accentuent de plus en plus. Elle se soucie médiocrement d'envoyer ses produits ici, où, sous une forme ou sous une autre, le prétendu gouvernement du 18 mars déclare chaque jour que, moins on paye ses dettes, et plus on demeure honnête homme. Ce gouvernement a effacé des codes qu'il veut nous imposer la vieille et loyale formule du commerce français : « Il faut avant tout faire honneur à ses affaires. »

※

C'est aujourd'hui qu'ont lieu les élections complémentaires pour la Commune. Personne ne prend part à ces opérations dans les quartiers du centre.

※

Les 8 et 15 avril sont les dates de déménagement pour ce terme. Dans certains quartiers, un grand nombre de changements de domicile ont lieu. Ceux qui déménagent ainsi, sous le bénéfice du décret de la Commune relatif au non-payement des loyers, savent bien que ce décret vivra ce que vivra la Commune elle-même. Il faut donc au plus tôt enlever le mobilier, qui, en devenant la garantie du nouveau propriétaire, rendra vain tout recours que voudrait exercer l'ancien pour rentrer dans tout ou partie de sa créance, alors complétement perdue.

Du reste, ni les propriétaires ni les concierges ne sont admis à faire d'observations ; s'ils le tentent, le locataire requiert deux ou trois gardes nationaux. Ceux-ci aident à l'enlèvement des meubles, non sans avoir au préalable invité le propriétaire à s'abstenir de toute récrimination, sous peine d'arrestation. J'ai été témoin, dans le faubourg Saint-Germain, d'un déménagement de cette nature.

※

Un bon symptôme semble se produire de nouveau sur les hauteurs de Montmartre.

Les hommes commencent à hésiter devant une lutte trop prolongée, disent-ils, et les femmes, qui savent les vides qui se font chaque jour dans les rangs des fédérés, n'engagent plus les habitants des buttes à se battre à outrance.

*

Il suffit d'appartenir soit au Comité central, soit à la Commune, soit à un sous-comité quelconque, pour, d'ignorant qu'on était, devenir un savant, un homme universel, avoir instantanément la science infuse. Exemple : Le citoyen Duval était ouvrier fondeur ; dans ses moments perdus, il se livrait au commerce des pantoufles ; le gouvernement du 18 mars le fit chef d'armée.

Le citoyen Eudes n'était rien. Il prenait la qualité d'étudiant en pharmacie ; mais il avait des titres particuliers à la bienveillance de la Commune. C'est lui qui, l'année dernière, à la tête d'une bande de forcenés, tenta de désarmer le poste des pompiers de la Villette ; c'est lui qui a tué de sa main, à bout portant, la sentinelle en faction devant les armes : la Commune l'a fait général.

Le citoyen Mégy était ouvrier mécanicien ; mais, comme Eudes, il avait des titres exceptionnels à la confiance de la Commune. Lui aussi avait commis un crime et tué un malheureux agent de police dans l'exercice de ses fonctions. La Commune le fit officier supérieur et lui confia le commandement du fort d'Issy.

Si vous m'y autorisiez, j'ouvrirais ici une parenthèse.

Le gouvernement du 4 septembre n'aura-t-il pas sa part de responsabilité dans le mal qu'ont pu faire et que pourront faire encore les deux hommes dont je viens de parler? Eudes était en prison, au moment où éclata le mouvement du 4 septembre, attendant l'exécution de la sentence qui le condamnait à la peine de mort. L'amnistie lui en ouvrit les portes : le gouvernement de la défense nationale ne vit, ce jour-là, dans le meurtre du pompier de la Villette, qu'un crime politique! En même temps, des ordres étaient donnés au bagne de Toulon pour la mise en liberté de Mégy. Mais ce n'est point comme un vulgaire amnistié que le gouvernement voulait que fût traité ce condamné. M. le préfet du Var et M. le sous-préfet de Toulon se sont en conséquence rendus en grande pompe au bagne, et c'est devant ces deux délégués du ministre de l'Intérieur d'alors que sont tombées les chaînes du forçat Mégy. C'est en présence du cortége dont avaient pris le vaniteux et ridicule soin de s'entourer ces deux fonctionnaires que l'un d'eux, M. Maurel, sous-préfet de Toulon, a voulu donner l'*accolade* fraternelle à celui qu'il appelait une victime politique. Je tiens ces détails d'un de mes amis, que le 18 septembre avait surpris en Provence, et auquel l'armistice du 28 janvier a rouvert les portes de Paris. Je vous en garantis donc l'exactitude.

Je ferme ma parenthèse, et je reviens aux hommes de la Commune. C'est du citoyen Gaillard père que j'allais vous parler, au moment où je l'ai ouverte. Le citoyen Gaillard devait, comme un autre, arriver aux hautes situations communeuses. Orateur de clubs et cordonnier en vieux, il vient d'être nommé ingénieur en chef, directeur des travaux des barricades, dans les 1er et 20e arrondissements.

Il existait au ministère des travaux publics une direction générale des ponts-et-chaussées et des chemins de fer. Le titulaire de cet important service était un homme d'un mérite et d'une valeur hors ligne. Un décret inséré ce matin à l'*Officiel* de la Commune le remplace par M. Paul Pia.

Qui est M. Paul Pia ?

*

La Société internationale de secours aux blessés était établie depuis le commencement de la guerre au palais de l'Industrie. Cette vaste administration était confiée au docteur Chenu. Les devoirs de l'humanité ne reconnaissent aucun parti. La Société avait repris son service actif le jour où est tombée la première victime de la guerre civile. Hier, à 3 heures, la Commune, par un de ses délégués, est venue mettre M. Chenu en demeure de lui livrer la direction et les services de la Société. M. Chenu et son personnel se sont immédiatement retirés en protestant au nom de toutes les nationalités qui ont concouru à la fondation de l'œuvre.

*

Ni les protestations de la foule, ni celles de la presse

honnête, ne parviennent à empêcher les arrestations arbitraires et les perquisitions par ordre de la Commune.

J'enregistre aujourd'hui celles que voici :

Perquisition chez les Dames blanches de l'Adoration, à Picpus ; elle dure 3 heures.

Perquisition chez les Pères de la congrégation des Saints-Cœurs, également à Picpus. Mise à contribution pendant cette longue visite de l'office et de la cave. Arrestation du frère portier et d'un jardinier laïque.

Perquisition chez les sœurs de charité aux Ternes. Les fédérés emportent 200 francs sur 300 trouvés en caisse.

Perquisition dans une succursale de la même maison au faubourg Saint-Jacques. Le chef de l'expédition allége la caisse des quelques centaines de francs qu'elle contient.

Un jeune homme se promène aux environs de l'Arc-de-Triomphe. Il regarde avec une lorgnette dans la direction de Neuilly. On l'arrête.

Six personnes causent et gesticulent dans l'avenue d'Eylau en regardant le Mont-Valérien ; un garde national les aperçoit. « Ce sont des agents de Versailles, dit-il, et leurs gestes sont des signaux qui s'adressent au fort. » Ces six personnes sont arrêtées.

Un rédacteur de *l'Opinion nationale* passe devant une affiche blanche. Il en prend copie. Déclaré suspect, il est immédiatement appréhendé au corps et conduit à la préfecture.

Même aventure est arrivée à un rédacteur de *l'Univers*.

Je ne tirerai, quant à moi, mon carnet de *reporter* et mon crayon de ma poche sur la voie publique que lorsque je serai très-nettement déterminé à aller rendre visite au citoyen Raoul Rigault, délégué à « l'ex-préfecture de police », comme on dit en style révolutionnaire. A propos de cette préposition *ex*, la presse cherche à comprendre, depuis le 18 mars, comment une préfecture, qui est toujours une préfecture fonctionnant plus que jamais, pouvait en même temps n'être plus une préfecture. Elle n'y est pas parvenue. Voici la solution qu'elle a donnée : *ex*, devant le mot préfecture, ne veut pas dire : qui a été et qui n'est plus ; *ex*, ici, est tout simplement l'abréviation d'excellente. On doit donc lire : excellente préfecture de police. Les journaux les plus sérieux admettent cette explication.

17 avril.

Les forts de Vanves, d'Issy et de Montrouge ont cette nuit et tout le jour continué leur furieuse et inoffensive canonnade. Châtillon et Meudon, auxquels cette dépense de poudre ne fait aucun mal, persistent dans leur mutisme.

C'est à peine si, à de rares intervalles, ils envoient quelques obus dans les lignes des fédérés, comme pour dire : « Nous nous gardons, n'avancez pas. » Toutes les fois que les fédérés ont le tort de ne pas tenir compte de cette défense, ils ont à le regretter.

Mais, si la journée a été relativement calme dans le sud, il n'en a pas été de même dans l'ouest. Les troupes de Versailles viennent, dans un brillant combat, de chasser les fédérés d'Asnières.

Un premier feu des plus meurtriers est ouvert sur les avant-postes et les batteries disposées sur le chemin de fer et en avant d'Asnières. Il met en fuite le 77ᵉ bataillon, qui abandonne en désordre les tranchées et les barricades pour se replier en toute hâte sur le village. La panique s'empare des quatre autres bataillons qui gardaient la rive gauche du fleuve. Ils imitent le 77ᵉ et la retraite devient générale.

Poursuivis par un feu devenant de plus en plus vif, qu'appuie un détachement de cavalerie, tous ces malreureux se ruent sur un pont de bateaux pour gagner l'autre rive.

L'ordre prématuré donné par le commandant des fédérés de rompre le pont amène la chute dans le fleuve d'un certain nombre de ses hommes qui n'ont plus reparu.

A midi, il ne restait plus un seul fédéré à Asnières. Maîtresses de cette position, les troupes régulières se sont solidement établies dans la plaine de Gennevilliers.

17 AVRIL.

Cette affaire, outre un certain nombre de prisonniers, aurait coûté aux fédérés 150 hommes hors de combat, tués ou blessés.

Il n'est pas douteux que le général Cluseret, dans ses dépêches, ne transforme encore cette défaite en une victoire.

※

La Commune vient de donner une nouvelle preuve de son respect pour le droit sacré de la propriété. Un décret inséré ce matin dans son journal décide purement et simplement la *cession définitive* à des associations ouvrières des ateliers en chômage par suite du départ des chefs de ces ateliers.

Qui deviendra propriétaire de ces maisons? « Les travailleurs qui y étaient employés. » Quant au vrai propriétaire, dépossédé à toujours de sa chose, ses droits se résoudront en une indemnité que ses anciens ouvriers lui payeront à son retour et dont le chiffre sera fixé, en dehors de lui bien entendu, par un *jury arbitral* constitué par les *chambres syndicales ouvrières*.

Ce décret ne peut avoir été élaboré qu'à Charenton ou dans une de nos maisons centrales.

※

Au point de vue de l'inviolabilité du domicile, le journal des hommes du 18 mars publie dans le même numéro un arrêté qui ne peut être passé sous silence :

Plusieurs bataillons de la garde nationale ont été dissous. Les armes doivent rentrer. A cet effet, il sera fait « des perquisitions méthodiques par rue et par maison ».

※

Autre décret, instituant une cour martiale et nommant les officiers qui la composeront.

※

Toutes les informations des journaux du soir sont d'accord sur ce point, que les Prussiens se concentrent de plus en plus autour de Paris.

※

L'aspect général de la grande cité va chaque jour s'assombrissant. L'émigration en masse continue. Plus de 750 mille personnes ont fui. Les honnêtes gens que leur pauvreté ou un devoir impérieux retient à Paris se cachent, se taisent dans tous les cas. Nul ne sort de chez lui sans avoir interrogé ses poches pour s'assurer qu'elles ne contiennent pas de papiers compromettants. Vainement on cherche un autre mot pour la situation, il n'y en a pas ; c'est la terreur.

※

On dit ce soir sur les boulevards que demain paraîtra à l'*Officiel* le décret qui, complément de celui d'aujourd'hui, déterminera les attributions de la cour martiale. Cette cour aurait compétence civile aussi bien que compétence militaire.

Après avoir noté, il y a quelques jours les travaux entrepris par la commission des barricades en avant de toutes les voies qui débouchent sur la place de la Concorde, j'annonçais un peu plus tard leur démolition.

Depuis ce matin, plus de 200 ouvriers sont occupés à en édifier une nouvelle au coin de la rue Saint-Florentin et de la place de la Concorde. Elle aura des proportions inusitées, si l'on en juge par la largeur et la profondeur des tranchées déjà ouvertes et la quantité énorme de sacs à terre et de gabions apportés à pied d'œuvre.

※

Des gardes nationaux fédérés ont envahi l'hôtel de la légation de Belgique.

Que dira la Belgique?

Que diront les grandes puissances en présence de cet outrage à un pavillon étranger?

※

Les arrestations continuent, voici la liste du jour :

En l'absence du curé de Saint-Vincent-de-Paul, sont arrêtés dans cette église et emmenés prisonniers MM. les abbés Dumas, Normand, Cazeaux et Denarcy. Le saint ciboire est emporté.

Arrestation de M. l'abbé Miquel, premier vicaire de Saint-Philippe-du-Roule.

Perquisition rue Boutebrie, dans une succursale de la maison des Petites-Sœurs. La caisse, contenant 600 fr., emportée.

Perquisition dans l'église Saint-Jacques.
Fermeture de cette église.

18 avril.

Un de mes amis, qui appartient à la rédaction d'un des grands journaux récemment supprimés, arrive de Versailles.

Il a vu plusieurs députés avec lesquels il a causé. Il a recueilli en ville et dans les couloirs de l'Assemblée les impressions diverses. En un mot il a cherché à se renseigner sur la situation et les desseins du gouvernement à l'égard de Paris.

J'écris en quelque sorte sous sa dictée :

« Le gouvernement a payé l'à-compte de 500 millions dus à la Prusse. L'évacuation des forts de la rive droite était subordonnée à ce payement. L'armée allemande va donc rendre à celle de Versailles toutes les positions qu'elle occupe au nord de Paris. Toutefois le gouvernement a demandé au général de Fabrice de les conserver pendant quelques jours encore, afin de donner le temps aux derniers renforts de l'armée de Versailles d'arriver.

« Lorsque les forces versaillaises auront atteint le chiffre jugé nécessaire, le départ des Prussiens s'effectuera immédiatement.

« En possession des lignes, aujourd'hui neutres, du Nord et de l'Est, le gouvernement sera en mesure, s'il le juge utile, de faire cesser toute communication entre l'Hôtel-de-Ville et la France, que la Commune inonde chaque jour de ses mensonges et de ses calomnies.

« Il n'entrerait pas du tout, d'ailleurs, dans la pensée de M. Thiers, de prendre Paris de vive force. Le chef du Pouvoir exécutif connaît la guerre des rues. Il sait combien l'insurgé parisien y est habile, et tout le sang qu'une entreprise de cette nature coûterait à notre armée et aussi à la population. Il n'ignore pas au surplus la résistance formidable que prépare l'émeute, dont chaque barricade est minée et *torpillée*.

« Versailles est convaincu que depuis les premiers combats le découragement et la lassitude ont fait place à l'audace des premiers jours, dans les rangs des fédérés. Il prévoit des progrès rapides dans ce sens, qui laisseront bientôt la Commune seule en face de sa criminelle obstination.

« Le gouvernement n'empêchera point les arrivages pour le ravitaillement ; mais le commerce, auquel les hommes du 18 mars n'inspirent aucune confiance, secondera par son abstention l'attitude du chef du pouvoir. M. Thiers est certain de voir ainsi s'user et disparaître promptement sous le mépris public des hommes qui n'ont jamais inspiré d'autres sentiments à la population. »

Acte à mon ami de ce programme et vœu pour le succès.

Un nouvel investissement, les angoisses d'un nouveau blocus, et, ce qui est pis, la vie encore pendant un mois sous le joug odieux de la Commune, telles seraient, si ces informations sont exactes, les conséquences des dispositions arrêtées. Eh bien, si cruelles qu'elles soient, mon choix est fait. Je les accepte en repoussant de toute mon énergie la guerre atroce des rues, des maisons et des toits, que subit en ce moment la malheureuse population de Neuilly. Transportée à Paris, c'est à flots que cette guerre ferait couler le sang.

L'insurrection y est préparée, la désire, et elle prendrait des proportions inconnues jusqu'ici. Je n'en excepte pas les journées de juin, pourtant de si sanglante mémoire!

Telle est ma conviction.

Pour demeurer un écho fidèle de toutes les opinions, je dois dire que beaucoup ne partagent pas mon sentiment et croient que des forces imposantes pénétrant dans Paris auraient, immédiatement et sans lutte sérieuse, raison du désordre. Leur venue, dit-on, en rappelant aux honnêtes gens à quel point ils ont oublié leur devoir le 18 mars, rendrait à tous le courage et la confiance. La partie saine de la garde nationale apporterait cette fois au gouvernement son concours unanime, qu'elle ne lui eût pas marchandé le 18 mars, si elle eût prévu les désastres que devait amener sa coupable abstention. Devant la garde nationale et la troupe unies, l'insurrection mettrait bas les armes. Je voudrais avoir cette confiance; je ne l'ai pas.

Un fait d'observation générale : c'est que, toutes les fois qu'il pleut, les attaques feintes ou vraies des fédérés dans le sud ne se produisent jamais, surtout la nuit. La pluie fine qui a commencé hier au soir et a continué à peu près tout le jour est venue une fois de plus confirmer cette observation particulière aux forts et aux avant-postes de Vanves, Issy et Montrouge.

A Neuilly, tranquillité relative. Rien de changé dans les positions respectives des partis.

A Asnières, la rude journée d'hier semblait appeler un repos dont tout le monde devait avoir besoin. On ne se l'est point accordé. Les fédérés, qui n'ont pu reprendre aucune des positions qui leur ont été si brillamment enlevées hier, tentent de se fortifier sur la rive droite. Les troupes de Versailles y mettent obstacle en faisant pleuvoir les obus sur le pont du chemin de fer et le village de Levallois. Les fédérés répondent sans succès.

La question des échéances vient d'être tranchée par la Commune avec le sans-façon, l'esprit pratique, le respect du contrat qu'elle a montrés dans la solution de la question des loyers.

Le *Journal officiel* de ce matin publie un décret portant que le remboursement de toutes les dettes échues à ce jour, quelle qu'en soit la nature, billets à ordre, lettres de change, factures réglées, etc., ne pourra être exigé qu'à partir du 15 juillet prochain. Le débiteur aura trois ans pour se libérer. La somme due sera divisée « en douze coupures égales, payables par trimestre ». Elle ne portera pas intérêt.

Il y aura longtemps, le 15 juillet, que la Commune aura vécu. Mais je veux supposer un instant qu'il en soit autrement, afin d'être autorisé à proposer un exemple démontrant l'impossibilité d'appliquer la loi révolutionnaire.

Un négociant de Lille a en portefeuille une valeur de 30,000 francs sur Paris, fin août; il est lui-même débiteur, en vertu d'effets à ordre souscrits, d'une somme égale, à échéance, à Lyon, au 15 septembre. Son débiteur de Paris, s'autorisant du décret de la Commune, ne se libère pas. Le négociant de Lille ne peut, par suite, dégager sa signature à Lyon. Qu'arrive-t-il alors? Il arrive que le Lillois est mis en faillite en vertu du Code de commerce, tandis que le Parisien continue ses affaires honorablement.

Il n'y a pas à insister.

※

Pendant que d'un côté elle suspend toutes les poursuites pour le recouvrement des dettes et édicte des dispositions qui, dans son esprit, doivent les rendre inutiles, la Commune crée de nouvelles charges d'huissier. Il est vrai que plusieurs de ces officiers ministériels ont fermé leurs études et que d'autres ont refusé leur ministère à la Commune. Ces deux décrets ne hurlent pas moins de leur insertion côte à côte dans la feuille officielle.

*

Ce que redoutait la population est désormais un fait accompli. Le journal de l'Hôtel-de-Ville promulgue ce matin l'arrêté organique relatif à la constitution de la Cour martiale. L'article 25 et dernier est ainsi concu :
« Elle (la Cour) applique en outre la jurisprudence martiale à tous les faits intéressants *le salut public*. »

Les peines que peut prononcer le tribunal révolutionnaire vont de l'amende à la mort.

Le terrible décret est sur tous les murs. On le lit, mais nul n'ouvre la bouche.

L'article 2 ne provoque-t-il pas à la dénonciation, et l'arrestation par le premier adhérent venu à la Commune n'est-elle pas érigée en droit?

*

Les arrestations des prêtres se ralentissent, par la raison bien simple que presque tous sont sous les verrous. On ne signale aujourd'hui que celle du curé de Notre-Dame de Bonne-Nouvelle. Une pendule de prix est passée du presbytère dans le cabinet du commissaire de police.

19 avril.

Toute la presse est unanime à affirmer les précautions prises pour rapporter dans Paris, la nuit seulement, les victimes en morts et en blessés que fait chaque jour la garde nationale. Elles sont si nombreuses que, quant aux morts tombés à Neuilly, par exemple, non-seulement on ne les rentre point à Paris, mais on ne les enterre même plus. Un journal dit à ce sujet : « Il y en a des monceaux. On les enterre dans les caves, dans les écuries, partout, et on met le feu aux maisons pour dissimuler ces pertes. Que le sang versé retombe sur ceux qui, pour dominer la France au nom de Paris, ordonnent de pareilles choses ! »

※

Il y a recrudescence dans la sollicitude avec laquelle les gardes nationaux font leur service aux gares. Ils fouillent tous les bagages et jusqu'aux sacs que les dames portent à la main. Quant aux hommes, malheur à celui dont les 40 ans sonnés ne sont point tracés sur sa figure par de profondes rides; malheur à l'enfant qui, n'ayant que 16 ou 17 ans, semble en avoir 19! Ni l'homme ni l'enfant ne partiront, et l'exhibition des actes de naissance ne désarmera pas ces vigilants observateurs de la consigne Cluseret. Je ne parle pas des formes dans lesquelles ces refus sont opposés. Je ne ferai ni à l'ancienne garde de Paris ni à l'ancien corps de sergents de ville l'injure de comparer leur manière de procéder vis-à-vis du public avec celle des soldats de la Commune.

※

La Cour martiale a inauguré ses séances hier 18.

19 AVRIL.

Elle a condamné à mort le sieur Girot, commandant le 74ᵉ bataillon de fédérés, coupable, dit l'arrêt, « de désobéissance *pour* marcher contre l'ennemi ou *contre* des rebelles armés ».

*

Une décision de la Commune, insérée à l'*Officiel* ce matin, supprime les journaux : *le Soir, la Cloche, l'Opinion nationale* et *le Bien public*.

Les journaux supprimés sont accusés de « prêcher la guerre civile ». Quelle audacieuse ironie !

Avec un courage dont tout Paris les félicitait hautement sur les boulevards, deux des feuilles supprimées ont paru ce soir quand même : *le Bien public* et *l'Opinion*. Ordre avait été donné de les saisir partout. On ne les trouvait donc point aux kiosques. Mais les marchands ambulants les dissimulaient sous leurs vêtements et, criant à tue-tête : « *la Montagne, la Sociale* », etc.; disaient tout bas aux passants, après s'être assurés toutefois qu'ils n'étaient point surveillés par un fédéré : « *Bourgeois, le Bien public; bourgeois, l'Opinion;* ils sont saisis, c'est 5 sous. »

Ceci se passait entre 5 et 6 heures. A 9 heures les deux feuilles faisaient prime, et j'en ai vu vendre 3 fr. l'exemplaire.

*

La rubrique « Arrestations et perquisitions » s'additionne aujourd'hui d'un troisième titre : *Expulsions*.

Ce matin, vers 11 heures, des gardes nationaux du

123ᵉ bataillon ont brutalement expulsé de leur couvent les sœurs de **Saint-Vincent-de-Paul**, de la rue Saint-Bernard.

Expulsion, rue Montgolfier, des frères qui tenaient l'école du marché Saint-Martin.

Il en a été de même, dans le 20ᵉ arrondissement, des frères dirigeant l'école rue Julien-Lacroix.

Fermeture de l'église de Saint-Bernard. Arrestation d'un des vicaires.

Fermeture de l'église Saint-Ferdinand, aux Ternes.

Arrestation du premier vicaire de Plaisance.

Arrestation de M. Polo, directeur du journal *l'Éclipse*.

On annonce également l'envoi à la Conciergerie de M. Louis Ulbach, rédacteur en chef de *la Cloche*, supprimée ce matin.

20 avril.

Une sorte de trêve a marqué cette journée. On ne signale rien d'important soit d'Asnières, soit de Neuilly, soit des forts du sud. Il est de plus en plus question d'une suspension d'armes qui permettrait aux malheureux habitants de la banlieue de se mettre en sûreté.

Quelques feuilles révolutionnaires reprochaient aux hommes du 18 mars, tout en les soutenant énergiquement, de n'avoir point formulé de programme. La Commune vient de déférer à ce vœu, et le journal de l'Hôtel-de-Ville publie ce matin, au nom de Paris, sous forme de « Déclaration au Peuple français », le programme attendu.

On pourrait tout d'abord demander à la Commune en vertu de quel droit elle prétend parler au nom de Paris. Ni ses origines insurrectionnelles et révolutionnaires, ni ses appels dédaignés à la population, les 26 mars et 16 avril, ne l'y autorisent. Minorité factieuse, elle commet un mensonge de plus lorsqu'elle dit : « La Commune a le droit d'affirmer et de déterminer les aspirations et les vœux de la population de Paris. »

C'est donc en niant formellement le droit des auteurs du manifeste que quelques journaux en examinent les principales dispositions, soit pour établir qu'elles ne sont ni pratiques ni applicables, soit pour constater l'éclatante contradiction qui existe entre la « Déclaration » de la Commune et la conduite de celle-ci, entre ses paroles et ses actes.

Ce manifeste ose parler des libertés publiques. Il y insiste même, et proclame que son régime seul peut les garantir à la France.

Mais quelle est donc celle de ces libertés que la Commune n'a point foulée aux pieds? La liberté individuelle? Nous ne comptons plus le nombre des citoyens de toutes classes qui sont sous les verrous.

La liberté de conscience? Tous les prêtres ont été jetés en prison et les églises fermées. La liberté du travail? Mais, suivant le bon plaisir de la Commune, les ateliers sont ici rouverts et là fermés par la force. La liberté de la presse? Vous avez en un mois supprimé les deux tiers des journaux qui ne sont pas à votre dévotion, et, avant-hier encore, vous en frappiez quatre. Le droit de réunion? Mais le massacre de la place Vendôme, et la tentative de la réunion de la place de la Bourse, dans le but d'arrêter l'effusion du sang? La liberté de posséder, le respect de la propriété, du domicile? Vos perquisitions et vos réquisitions, le *butin* fait ici et là, nous ont édifiés à cet égard. Enfin vous nous avez ôté jusqu'à la liberté d'aller et de venir, la première de toutes. Pour sortir de l'enceinte de la Commune, vous nous astreignez au *laissez-passer*, et, quand votre bon plaisir, qui est décidément votre seule loi, vous y convie, vous arrêtez celui qui va réclamer.

Telle est la vérité, et pourtant le manifeste ne craint pas de définir ce régime qu'il voudrait imposer à la France : « Le bien-être, la liberté et la sécurité de tous. »

Le *Journal officiel* contient un autre document qui a aussi son intérêt. C'est la décision qui prononce sur les élections du 16 avril. On ne s'est point rendu au vote. A peine quelques élus ont-ils obtenu le huitième des inscrits. Ce n'est point là un embarras pour la Commune. Elle supprime aujourd'hui cette condition gênante du huitième, et décide qu'il suffit de la moitié plus un du chiffre des votants pour siéger à la Commune. C'est la revendication du bénéfice de cette libérale réforme électorale qui permettra au citoyen Sicard, par exemple, de prendre siège à la Commune de Paris avec 1699 voix, et d'y représenter son arrondissement qui compte plus de *vingt-deux mille électeurs inscrits.*

Eh bien, qui le croirait? Ce système tolérant est encore insuffisant. Treize arrondissements avaient des élections à faire. Sur ce nombre, trois arrondissements n'ont donné aucun résultat, et, dans quatre autres, 7 candidats n'ont pu justifier de la moitié plus un des votants !

※

La Commission exécutive de la Commune s'est réservé le droit, paraît-il, de faire grâce de la vie. Elle vient d'user de cette prérogative souveraine en relevant de la condamnation à mort le citoyen chef de bataillon Girot. Il doit la vie à ses « antécédents démocratiques ».

Le citoyen Girot subira la dégradation civique et militaire.

※

La ligue républicaine ne se déclare pas satisfaite du résultat de l'entrevue de ses délégués avec le chef du

Pouvoir exécutif. Le document dans lequel elle annonce cette non-satisfaction paraissait en même temps qu'était publiée à l'*Officiel* la Déclaration de la Commune. Elle ne la connaissait donc point encore. Aussi, la Commune ne « formulant pas son programme », la ligue maintient le sien, et est déterminée à « prendre les résolutions qui, suivant les diverses phases de la lutte, lui paraîtront les plus propres à assurer le triomphe de ses principes ».

Aujourd'hui que le programme de la Commune est dans ses mains, que va faire la ligue ?

*

Le Bien public a encore paru ce soir, malgré la décision qui le supprime. On expliquait sur les boulevards que, trompée hier, la vigilance de l'ex-préfecture de police ne se laisserait pas mettre en défaut aujourd'hui ; qu'elle enverrait ses agents en temps utile pour empêcher la mise sous presse. Dans cette pensée, l'heure habituelle du tirage avait été avancée, et, quand la police s'est présentée, elle n'a pu saisir que les 5 ou 6 derniers cents ; le surplus était déjà dans les mains de tous les petits marchands. Ce numéro, qui sera certainement le dernier, car la force armée occupe dès ce soir l'imprimerie, s'enlevait à tout prix.

*

Les efforts se poursuivent pour obtenir une suspension d'armes. A la ligue républicaine se sont adjoints les **délégués** de cinquante-huit chambres de commerce syndicales, tant de patrons que d'ouvriers.

※

Le bruit circule ce soir sur les boulevards que les troupes versaillaises sont entrées à Saint-Denis. J'enregistre sous toutes réserves.

※

Autre bruit; celui-là moins rassurant. La Commune songerait à rendre un décret portant que le service est obligatoire jusqu'à 55 ans.

※

J'ai consigné dans mes notes, à sa date, l'arrestation de M. Chaudey, du *Siècle*. Ce que je ne savais pas alors, c'est que le commissaire de police qui, à la suite de l'arrestation, a procédé à une minutieuse perquisition dans l'appartement de M. Chaudey, a trouvé dans son bureau une somme de 900 francs. Il en a pris 800. A la Commune, on continue à ne pas comprendre la distinction entre le tien et le mien.

※

Un journal disait hier au soir qu'il ne serait pas donné suite au décret qui ordonne la démolition de la colonne Vendôme. L'*Officiel* répond ce matin en annonçant la mise en adjudication des matériaux sur soumissions cachetées.

※

Un combat sanglant à Neuilly et des pertes considérables par les fédérés ont encore marqué cette journée. Ce sont, comme toujours, les bataillons insurrectionnels qui ont attaqué les Versaillais dans leurs positions. Ce combat n'a rien changé aux situations respectives des deux partis, les troupes de l'Assemblée s'étant bornées à repousser l'attaque et n'ayant point jugé à propos de poursuivre les assaillants. Rien n'est signalé des autres points du théâtre de la guerre.

*

Quand laisserai-je en blanc, dans ces notes quotidiennes, l'espace que me demandent chaque jour les perquisitions et les arrestations ?

M. Houdou, attaché à la Cour des Comptes, se rendait à un enterrement. Chemin faisant, il a l'imprudence d'exprimer la prévision que les Versaillais entreront dans Paris. Le propos est entendu. M. Houdou est suivi et arrêté dans l'église même où il se rendait pour se joindre au convoi.

M. de Rochebrune, chef du 6ᵉ bataillon, vient d'être arrêté pour refus de service. Le bataillon tout entier est dans les mêmes dispositions; on parle de prendre à l'égard de tous les officiers la mesure prise contre leur chef.

Perquisition dans les bureaux du journal *la Cloche*. Le commissaire de police est accompagné d'un serrurier et fait ouvrir différents meubles. Il emporte les papiers qu'ils contiennent.

J'avais été mal renseigné quant à l'arrestation de

M. Ulbach, directeur de cette feuille. Il avait été prévenu à temps et s'était soustrait au mandat d'amener lancé contre lui.

Un mandat d'arrêt a été délivré par le délégué à l'ex-préfecture de police contre M. Potomé, fondateur de la Ligue dite : Ligue du bien public; jusqu'ici, M. Potomé a échappé aux recherches dont il est l'objet.

Un journal dresse aujourd'hui la liste des prêtres et religieux incarcérés du 1er au 18 avril. Elle ne comprend pas moins de 200 personnes qui sont détenues, partie à la Conciergerie, partie à la prison de la Santé et partie à Mazas.

Le nombre des églises fermées à la célébration du culte est de 26.

Cette douloureuse statistique se complète par la liste des maisons religieuses ou couvents dans lesquelles des perquisitions ont eu lieu.

Pendant ces dix-huit jours, le nombre en est de 24.

21 avril.

L'action continue à Neuilly. Trois barricades mal défendues ont été prises par les fédérés, qui n'ont pu les conserver. Ils ont été obligés de les abandonner après avoir subi de grandes pertes. Dans cette affaire, un seul bataillon, le 127e, a eu 30 hommes hors de combat.

A Asnières, un mouvement tournant sur Levallois a été tenté par les troupes de Versailles. Elles espéraient cerner les fédérés qui gardent la rive droite. Ce mouvement n'a pas réussi. Après une heure de combat les Versaillais se sont repliés sur leurs positions. Si nous en croyions les bulletins de la Commune, cet engagement aurait coûté cher aux troupes régulières.

Calme relatif dans le Sud.

*

Un arrêté de la Commission exécutive réorganise le service des aérostiers.

Cette mesure témoigne de la part de la Commune de la crainte de voir s'interrompre ses relations avec l'extérieur par le blocus complet de Paris.

*

La ligue de l'Union républicaine a définitivement versé du côté où elle penchait.

Dans une réunion qui a eu lieu hier au soir, à la salle Valentino, elle a adhéré à la déclaration de la Commune.

*

Dans sa séance d'hier, la Commune a reconstitué la Commission exécutive.

Elle est ainsi composée :

Guerre.	MM. Cluseret.
Finances	Jourde.
Subsistances	Viard.

Relations extérieures. .	Paschal Grousset.
Travail et Échange. . .	Franckel.
Justice.	Protot.
Services publics.	Andrieu.
Enseignement	Vaillant.
Sûreté générale.	R. Rigault.

Sous le premier Empire, la police se faisait surtout par des agents en bourgeois. La Commune semble vouloir faire revivre cette institution. Depuis quelques jours, un certain nombre d'arrestations ont lieu par les nouveaux agents que suivaient, comme par hasard, 5 ou 6 fédérés pour leur prêter concours. Les honnêtes gens n'ont jamais redouté le sergent de ville, le garde municipal, le garde de Paris ou le gendarme : ils ont tout à craindre de la police occulte de la Commune. C'est à leur intention qu'elle est organisée, et non contre les malfaiteurs et les repris de justice. Ceux-ci sont protégés par la tunique de la garde nationale fédérée, dont les rangs leur ont été ouverts par les hommes du 18 mars.

Les *carrières d'Amérique* sont vides désormais, et les honnêtes ouvriers égarés par l'Hôtel de ville subissent, en l'ignorant, le contact de tous les misérables qui habitaient ces repaires de voleurs. On n'estime pas leur nombre à moins de 30,000.

*

Parmi les arrestations des membres du clergé, je

n'apprends qu'aujourd'hui celles de MM. Perny et Houillon, prêtres des Missions étrangères. Elles remontent à quelques jours et ont été opérées sur la voie publique.

Un des officiers de M. de Rochebrune vient d'être arrêté. C'est M. Daurel, capitaine au 6e bataillon. On est à la recherche des autres.

Un garçon de café a été arrêté dans son établissement même au café de Madrid, boulevard Montmartre, sur la réquisition d'un adhérent à la Commune, comme tombant sous le coup du décret de 19 à 40.

M. Poisson, chef du 100e bataillon, a adressé une courageuse proclamation à ses hommes. Il les engage à refuser l'obéissance à la Commune, autorité sans droit et sans mandat pour disposer d'eux. Son arrestation a été ordonnée immédiatement; il s'est jusqu'ici soustrait aux recherches dont il est l'objet.

Les délégués de la Commune et la force armée qui avaient envahi ces jours derniers l'imprimerie Dubuisson, pour empêcher le tirage du *Bien public* et de *l'Opinion nationale*, s'étaient retirés en laissant des sentinelles pour garder les issues.

A 8 heures, ils sont revenus pour briser les formes; la composition a été mise en *pâte*.

Enfin ils reviennent une troisième fois, à 11 heures du soir, pour arrêter M. Dubuisson. La porte de son domicile a été enfoncée à coups de crosse. Prévoyant que la Commune ne s'en tiendrait pas aux dégâts matériels causés à sa propriété, M. Dubuisson avait prudemment disparu.

Aujourd'hui, perquisition chez M. Debrousse, riche entrepreneur, 13, avenue de Marigny. Le chef de l'expédition s'est emparé de valeurs mobilières représentant une somme considérable. M. Debrousse avait, pendant le siége, donné plus de 200,000 fr. aux pauvres et offert deux mitrailleuses au gouvernement de la Défense nationale.

※

Un délégué à l'écharpe rouge a saisi, à l'hôtel des Invalides, l'argenterie qui était propriété de l'hôtel et non de l'État. Elle a été transportée à la Monnaie.

La valeur de cette argenterie, qui provenait de dons et de legs, est de 100,000 fr. au moins.

22 avril.

C'est le 2 avril, je le rappelle dans mes notes antérieures, qu'a été échangé le premier coup de feu entre le gouvernement de la France et les factieux qui méconnaissent et combattent à main armée l'autorité et la volonté du pays.

Depuis cette date, tous les bulletins qu'ils publient de la douloureuse guerre qu'ils nous ont imposée sont des bulletins de victoires. Plus la défaite est éclatante, plus elle affirme le triomphe de la Commune. Elle avance toujours, toujours elle bat les Versaillais, les met en fuite, leur inflige des pertes considérables, les oblige à se replier en désordre, leur fait des prisonniers, etc... Si les progrès faits dans les dépêches et sur le papier se fussent réalisés sur le terrain, il y a bien longtemps que les troupes fédérées occuperaient Versailles. Quant à la Commune, ses pertes sont nulles, insignifiantes. Dans les affaires les plus graves, elle avoue : « 1 tué, 2 blessés ».

Je ne veux pas insister sur les positions qu'occupaient les fédérés le 31 mars, le 2 et le 3 avril.

A cette dernière date, ils étaient à Courbevoie, à Châtillon, à Clamart, à Meudon, à Neuilly, à Asnières. Chassés de ces quatre premières positions, il leur reste peu de chance de se maintenir longtemps dans la partie des deux dernières qu'ils n'ont point encore complétement perdue.

Mais, par contre, je veux insister sur le mensonge intéressé des dépêches. Contrainte par d'incessantes réclamations, la Commune s'est décidée à publier une liste des blessés. Cette liste est le résultat d'une pression. Elle est donc incomplète ; toute la vérité serait trop dangereuse à dire.

Voilà comment elle accuse un chiffre, du 2 au 16, de 328 blessés seulement, qui n'approche en rien de la réalité.

Il est notoire, par exemple, que le 61e (Montmartre) a pris part à toutes les affaires, et toujours au premier rang : il figure dans la liste comme ayant eu 3 blessés seulement. Le 77°, souvent engagé, en a 1, et cependant tout Montmartre sait les pertes considérables de ce bataillon. Enfin, je tiens d'un officier du 32° bataillon, également de Montmartre, qu'il a eu dans différentes affaires 35 hommes blessés et 30 tués.

Si les dépêches du délégué à la guerre ne sont que mensonge, les listes ne font qu'un pas dans la voie de la vérité. La vérité, elle est dans ce chiffre accablant, et qui s'énonce avec l'autorité de la voix publique : tués, blessés ou prisonniers, l'insurrection à l'heure actuelle a perdu de 10 à 12,000 hommes.

*

La lutte a été assez vive encore aujourd'hui à Neuilly et à Asnières. Point de modifications dans la position des intéressés.

On dit la suspension d'armes décidée, pour permettre le départ des habitants de ces deux localités et des localités environnantes.

*

On parle de l'emploi, par les fédérés, dans les dernières affaires, de pétrole et d'autres matières inflammables.

*

Au sud, les forts continuent leur monologue d'artillerie : ils usent leurs munitions et gaspillent véritablement leur poudre. Le délégué à la guerre l'a publiquement déclaré, en annonçant qu'il rationnerait les forts, Vanves ayant été convaincu d'avoir abusivement tiré 16,000 coups, dont la nécessité n'a pu lui être démontrée.

*

Je n'ai rien à cueillir aujourd'hui dans la partie officielle du journal de la Commune, si ce n'est un dernier avis, adressé aux fonctionnaires et employés de toutes les administrations, d'avoir à reprendre leur service d'ici au 1er mai, à peine, toujours et naturellement, de destitution : il y a progrès. Depuis le 18 mars, les nombreuses mises en demeure analogues n'accordaient que 24 heures, 48 au plus. A la bonne heure : 8 jours, c'est un délai.

*

M. Rogeard, au moins en ce point, fait preuve de bon sens. Il n'a pas obtenu le huitième des inscrits dans le 6e arrondissement, et refuse en conséquence un siége à la Commune. A ses yeux, « la mesure qui modifie la loi de 1849 est tardive et rétroactive ».

Le citoyen Félix Pyat, non plus, n'approuve pas que la Commune ait modifié la loi de 1849. Si la Commune ne revenait point sur son vote, il se verrait forcé à son grand regret, dit-il, de donner sa démission de membre de la Commune « avant la victoire ».

L'histoire enregistrera cet « avant la victoire ».

*

22 AVRIL.

Un des bataillons de Ménilmontant a pris, hier, position derrière les grilles de la Bourse. Des détachements de ce bataillon ont été placés dans les rues qui débouchent sur la place. Cela fait, les perquisitions ont commencé dans les maisons. Un des gardes, tenant un papier à la main, lisait, puis entrait dans la maison ou n'entrait pas, suivant, sans doute, que son papier l'y invitait ou l'en dispensait. Je n'ai pu savoir le but de ces visites domiciliaires. On croyait dans le quartier qu'il s'agissait de l'exécution du fameux décret de 19 à 40. Pourquoi Ménilmontant, dans tous les cas, opérant dans le quartier de la Bourse?

Tout le monde se prête, d'ailleurs, à l'inexécution de ce décret inique. On recourt à mille ruses. En voici deux entre mille. Les jeunes gens qui ont *la figure de l'emploi* sont déguisés en jeunes filles et franchissent les portes au bras d'un homme âgé, sous les yeux faciles à tromper des fédérés de Montmartre ou de Belleville.

Ceux qui sont moins heureusement doués au physique rencontrent le plus grand empressement de la part des maraîchers. Ceux-ci leur donnent l'hospitalité dans les caissons de leurs voitures dont la conduite est confiée aux femmes; des trous sont ménagés au fond des caissons pour que les évadés puissent respirer, et le passage s'accomplit sans éveiller le moindre soupçon.

M. l'abbé Planchat, directeur du patronage des jeunes apprentis, à Charonne, a été mis en état d'arrestation.

Arrestation de la femme d'un employé supérieur d'une de nos grandes administrations : elle est responsable du départ de son mari.

Perquisition chez un ancien sénateur, M. Paul de Richemont; en l'absence du maître, arrestation du concierge.

Perquisition dans les bureaux de l'administration du gaz. La caisse renfermait 183,000 francs qui ont été emportés par le chef de l'expédition. On dit que, sur la menace de cesser le service de l'éclairage, la Commune a ordonné la restitution de cette somme. Le journal *le Temps* qualifie l'opération de vol à main armée, crime prévu et puni, dit-il, par les articles 381 et 385 du Code pénal.

23 avril.

La journée et la nuit n'ont point, soit à Neuilly, soit à Asnières, modifié sensiblement la position des combattants. Les soldats de l'Assemblée gagnent cependant peu à peu du terrain. Leur tactique paraît toujours être de fatiguer et de démoraliser leurs adversaires. Cette tactique leur réussit.

Du côté du sud, les Versaillais remuent beaucoup de terre, et leurs travaux avancent rapidement. Les fédérés cherchent à éloigner les travailleurs en envoyant de nombreux projectiles sur les batteries en construction en avant de Thiais et de Chevilly. Ils ne réussissent point à troubler la quiétude des troupes ; elles ne répondent pas.

*

Le *Journal officiel* nous apprend ce matin que la Commune accepte en principe une suspension d'armes pour Neuilly.

*

Le citoyen Briosne, une des illustrations des clubs, a été élu membre de la Commune, mais il n'a pas eu le huitième des inscrits, et il donne sa démission. Dans la plénitude de son droit, la Commune a modifié la loi, mais trop tard. Il se soumettra à une nouvelle élection sous l'empire de la loi modifiée, et, cette fois, n'obtînt-il que 10 voix, si ces 10 voix lui assurent la moitié plus un des votants, il n'hésitera plus et acceptera un siége à la Commune. On n'est pas plus rigoureux observateur de la légalité.

*

La liberté de l'enseignement est définitivement allée rejoindre la liberté de conscience, la liberté des cultes, la liberté de la presse, toutes nos libertés en un mot.

Une proclamation spéciale des autorités du 3e arrondissement annonce que l'instruction *purement* laïque y est organisée. Je sais d'ailleurs que, soit dans cet arrondissement, soit dans d'autres, on ne permettra l'ouverture d'aucune école religieuse, même *privée*.

*

On affirme aujourd'hui que les 500 millions ne sont pas payés.

L'évacuation des forts de l'est par les Prussiens serait ajournée à une époque indéterminée.

Ce bruit infirmerait sur le premier point, s'il se confirme, mes renseignements du 18.

*

Ce n'est un mystère pour personne que la Société internationale dite des travailleurs s'est imposé la formidable entreprise de refaire le « vieux monde », et c'est la Société internationale qui a provoqué et soutenu, par ses ramifications en Prusse et en Angleterre, les grèves en 1868, 1869 et 1870. C'est sa main qu'on retrouve partout : à Firminy, au Creuzot.

C'est elle qui a organisé le mouvement qui a abouti au 18 mars. C'est enfin la délégation française de cette vaste société qui aujourd'hui domine, gouverne Paris, et lui impose, par la terreur, la plus redoutable des dictatures.

Le hasard place sous ma main les débats du procès suivi contre cette association, et qui est venu se dénouer devant la Haute-Cour, à Blois.

Je retrouve là, en effet, les noms des hommes qui jouent à l'heure présente un rôle qui doit les étonner eux-mêmes autant que le pays.

Je relève notamment ceux des citoyens : Assi, ouvrier mécanicien ; Varlin, relieur ; Malon, garçon de librairie ; Murat, mécanicien ; Johannard, feuillagiste ; Pindy, menuisier ; Combault, bijoutier ; Avrial, mécanicien ; Langevin, tourneur sur métaux ; Theisz, ouvrier ciseleur ; Franckel, bijoutier ; Vésinier et Cluseret.

Tous ces hommes sont membres de la Commune ou investis de hautes fonctions ressortissant à son pouvoir. A cette liste il faut ajouter le nom de Duval, ouvrier fondeur en fer, qui figurait également au procès de Blois, tué depuis « général de la Commune » à l'affaire du 3 avril.

*

La barricade qui ferme la rue de Rivoli, sur la place de la Concorde, est sur le point d'être terminée. La profondeur sur la rue de Rivoli est de 40 mètres environ. Elle atteint en hauteur la partie supérieure de la terrasse des Feuillants, et de l'autre côté, à l'angle du ministère de la marine, celle d'un entre-sol. En avant est creusé un fossé profond de 2 mètres environ, et d'une largeur de 3 mètres. C'est un véritable ouvrage d'art et non une barricade.

Il s'en élève sur le même modèle à l'angle et au débouché de la rue Royale et du quai des Tuileries, de telle sorte que bientôt la place de la Concorde n'aura plus d'issue que sur la rive gauche, par le pont du même nom. Jusqu'ici, en effet, aucun travail n'est entrepris sur ce point.

Les arrestations, en ce moment, se concentrent sur les « réfractaires de 19 à 40 ».

*

On n'avait point su pourquoi le « citoyen général » Bergeret avait été emprisonné. On ne saura pas davantage comment on le rend aujourd'hui à la liberté. Mais il y est rendu, et c'est là, sans doute, l'essentiel pour lui. Son élargissement a eu lieu aujourd'hui même en vertu d'une décision de la Commune. Le citoyen Bergeret, ainsi que nous l'apprend le compte rendu de la séance, est passé de sa cellule à la salle des délibérations. Il ne récrimine pas, au contraire, il est plus à la Commune que jamais. En prenant séance, il a la parole et s'exprime ainsi :

« *Le citoyen Bergeret.* — La Commune avait jugé à propos de me mettre en état d'arrestation, et elle vient de me faire mettre en liberté. Je tiens à déclarer que je n'apporte ici aucun sentiment d'amertume, mais, au contraire, mon dévouement tout entier. » (*Approbation.*)

Tout est bien qui finit bien.

24 avril.

Aucune époque n'aura vu se consommer par une troupe autant de vin et d'eau-de-vie qu'il s'en consomme depuis le 18 mars par les troupes de la Commune. Dès qu'on aperçoit au loin briller une quinzaine de baïonnettes entourant une voiture, omnibus, camion de chemin de fer, caisson, voiture à bras, charrette, on peut être sûr que c'est le piquet protecteur d'un chargement de vin destiné à la garde nationale. Dans les rues, sur les boulevards, sur les quais, partout et à toute heure on ne rencontre que convois de cette nature. Un honorable négociant de Bercy, de mes amis, me disait à ce propos, en parlant des fédérés et des assauts répétés qu'ils livrent aux caves de l'entrepôt : « Il n'y en a que pour eux. » Il résumait bien ainsi, dans ce langage familier, les exigences illimitées de la Commune à ce sujet. Aussi est-ce à flots que le vin et l'eau-de-vie coulent place Vendôme, aux remparts, aux forts, aux avant-postes, sur tous les points, en un mot, où sont réunies quelques forces. Cette prodigalité des spiritueux produit ses effets naturels, et à chaque pas on rencontre en ville des gardes armés et non armés en état d'ivresse. Les départs des groupes pour le rempart offrent à la population le même et affligeant spectacle. Ils comptent toujours un grand nombre de gardes, de sous-officiers, voire d'officiers, que les tambours ou les clairons, fussent-ils passés maîtres dans leur art, ne pourraient maintenir au pas cadencé.

Beaucoup de ces malheureux fédérés, s'ils n'étaient ainsi surexcités, ne consentiraient point à franchir l'enceinte, et surtout à se battre. Le vin et l'eau-de-vie, voilà donc l'un des puissants auxiliaires de la Commune dans cette guerre impie qu'elle a déclarée à la société.

Les médecins constatent tous les jours les funestes effets alcooliques produits sur l'économie générale des blessés. C'est par là qu'est rendue dangereuse la moindre blessure et que sont compromises au plus haut degré toutes les opérations chirurgicales.

*

La charité est ingénieuse. La quête notamment a revêtu tant et de si diverses formes qu'on pourrait croire qu'elle les avait toutes épuisées. Il n'en est rien. Nous avons maintenant la quête au fusil. Ce soir, une femme de fédéré, la croix de Genève au bras, parcourait les boulevards et recueillait l'aumône des passants pour les secours aux blessés. Cette femme était accompagnée d'un garde national qui, « l'arme sous le bras gauche », lui ouvrait les rangs des consommateurs devant les cafés.

*

La partie officielle du journal de l'Hôtel-de-Ville débute aujourd'hui par un décret bien inoffensif. Pourquoi ne sont-ils tous de même? Un décret antérieur instituait des huissiers. Celui de ce matin décide la nomination, par la Commune, de notaires, commissaires priseurs et greffiers de tribunaux. Il dispose que ces fonctionnaires recevront un traitement fixe, mais que, par contre, ils verseront tous les mois aux finances

« les sommes perçues par eux pour les actes de leur compétence ».

Je prédis à la Commune que ce moyen de remplir ses coffres sera moins efficace que celui employé vis-à-vis de la Compagnie du gaz ou de MM. Denouille, Debrousse et de tant d'autres.

*

Je n'ai pas enregistré à sa date la nomination d'un autre étranger investi également d'un haut commandement militaire : c'est celle du « général » La Cécilia, un Italien celui-là, en qualité de commandant de la Place de Paris. Ce général, m'apprend le journal de la Commune, vient de visiter ce matin « la ligne des bastions qui s'étend de la Muette au Point-du-Jour. Il a été extrêmement satisfait de son inspection. »

*

Le bruit circule que le fort de Charenton et la ville de Saint-Denis seraient sur le point, si ce n'est déjà fait, d'être remis à l'autorité française.

*

Dans quelques quartiers on signale la résistance qu'opposent certains bataillons qui ne veulent pas se laisser désarmer. Rue de la Montagne-Sainte-Geneviève, les gardes nationaux qui se sont présentés au n° 36 ont essuyé 3 coups de feu ; l'un d'eux a été blessé.

*

Ce soir, vers 5 heures, j'ai été témoin, rue Castiglione, de l'arrestation d'une personne qui, causant au milieu d'un groupe, en avant d'une nouvelle barricade en construction sur ce point, eut le malheur d'être d'un avis opposé à celui de son interlocuteur. La discussion s'échauffe de part et d'autre : « C'est un Versaillais, » dit une voix ; « c'est un mouchard », dit une autre voix ; « enlevez-le, » dit un troisième, et l'imprudent causeur se voyait immédiatement arrêté. Déposant la pelle du barricadier et prenant le fusil, quatre gardes nationaux s'en saisirent et le conduisirent à la Place : il n'y avait pour cela qu'à franchir deux baricades. J'ignore ce qu'aura fait de cette nouvelle victime de l'arbitraire la haute autorité de la place Vendôme.

*

Au café Grétry, boulevard des Italiens, les habitués ont le tort de penser et de dire tout haut que le marché financier ne s'accommode jamais des révolutions, et que celle du 18 mars, en particulier, n'est pas de nature à le relever. Ce matin le café Grétry a reçu l'ordre de rester fermé.

*

Les perquisitions et les arrestations demeurent à l'ordre du jour. Elles sont cependant peu nombreuses aujourd'hui. Parmi les arrestations on cite celle de M. Valadier, pharmacien, républicain éprouvé, pourtant accusé de complot contre la Commune.

La Commune aurait, dit un de ses organes, « découvert une vaste conspiration ourdie contre l'ordre de choses actuel ».

C'est là un honneur que les hommes du 18 mars se décernent à eux-mêmes. S'ils sont résolus à tout pour tenter de se faire prendre au sérieux, ils savent bien qu'ils n'ont pas droit au plus petit complot. On conspire contre un gouvernement, on ne conspire pas contre l'émeute.

25 avril.

Je veux noter ici, avant de résumer les événements de cette journée, le blâme que j'adresse mentalement tous les jours à la grande presse de Paris.

Bien peu de journaux sont restés debout depuis les événements du 18 mars; si je compte bien, parmi les feuilles importantes qui repoussent, quoique à des degrés différents, les doctrines et la politique de l'Hôtel-de-Ville, nous n'avons plus que *la France, la Patrie, le Moniteur universel, le Temps, la Vérité, le Journal de Paris.*

Comment ces journaux, à l'exception du *Journal de Paris*, continuent-ils à se vendre 3 sous?

Au lendemain du 4 septembre, le gouvernement s'empressa de supprimer l'impôt du timbre. Pendant que subsistait cet impôt, les journaux en question vivaient et prospéraient en le payant.

Lorsqu'ils en réclamaient la suppression, ils avaient

en vue, disaient-ils, d'accroître le nombre de lecteurs par l'abaissement rationnel du prix.

Or ils n'ont point tenu cet engagement, étant maintenus leurs anciens prix. L'État perd, à la mesure, 15 ou 20 millions bon an mal an ; le public n'y gagne rien, et le boni tout entier va grossir le bénéfice de l'entreprise.

Je sais une de ces entreprises qui a un journal à 3 sous et deux à 1 sou. Tous les frais payés, rédaction, papier, tirage, etc., etc., elle réaliserait un bénéfice net, absolument net, de *mille francs passés par jour*.

Je ne m'élève pas contre ce gain, si considérable qu'il soit.

La plus grande part, sans doute, est due à une habile et sage administration ; mais je m'empare du résultat, parce que, fût-il beaucoup moins favorable, il ferait encore tomber toutes les objections qui pourraient être faites contre l'abaissement du prix à 10 centimes.

Le prix de 3 sous est trop élevé.

L'ouvrier et l'employé qui peuvent prélever sur leurs modestes ressources 1 fr. 50, 3 fr. par mois pour acheter un journal, ne sauraient consacrer 4 fr. 50 à cette dépense.

Or cette dépense, dans les temps troublés où nous vivons, est à mes yeux une dépense de premier ordre et qui s'impose à tous.

Cela est si vrai, qu'à partir de 3 heures, heure à laquelle les feuilles du soir commencent à paraître, on ne rencontre pas une personne n'ayant en main ou achetant un journal.

Quelles sont les feuilles qui se vendent le plus? Ce sont celles qui sont livrées au meilleur marché. Le seul lecteur pour qui il n'y a pas de différence entre 5 et 15 centimes achète le journal qui convient à ses goûts. Mais tel qui préfère la politique du *Moniteur univer-sel* ou celle de *la France* ne les achètera pas, parce que le prix est de 15 centimes; le même crieur lui offrira *la Commune*, et il la prendra, non pas que les doctrines qui y sont professées lui conviennent, non, mais parce que le prix en est de 10 centimes; il prendra même *la Sociale* ou *Paris libre*, parce qu'ils ne coûtent qu'un sou. De là le grand nombre de gens très-sages jusque-là que cette lecture quotidienne malsaine a pervertis depuis quelques mois. On ne compte pas moins de 10 à 12 feuilles à un sou qui répandent chaque jour et à profusion leur poison social dans Paris. Combien de grands journaux ont compris le péril et tentent de le conjurer? Un, *un seul, le Journal de Paris*. Cette feuille, où un incontestable talent est mis au service d'une politique vraiment conservatrice et libérale, se vend un sou, comme toutes les feuilles immondes de l'insurrection. Elle tire à un nombre considérable et est demandée là où son absence assurerait le placement inévitable de tous les mauvais journaux. *Le Journal de Paris*, dans cette circonstance, a fait et fait œuvre patriotique. Si *le Moniteur universel, la France, la Patrie* et quelques autres l'avaient imité, le dividende des actionnaires de ces feuilles serait peut-être moins considérable à la fin de l'année, mais, à coup sûr, ce sacrifice se fût traduit par un nombre moindre d'adhésions à la Commune, en fortifiant les hésitants et en éclairant ceux que le mensonge et la calomnie égarent et jettent dans les bras des hommes du 18 mars.

Il est profondément regrettable que la presse n'ait pas compris ce grand devoir que la situation lui imposait.

*

La suspension d'armes a enfin été consentie. Elle a commencé à 9 heures ce matin et devait finir à 5 heures. En fait, elle s'est prolongée jusqu'à 10 heures du soir. Ce n'est qu'à ce moment que les hostilités ont repris. Il a fait toute la journée un temps splendide.

J'ai parcouru l'avenue de la Grande-Armée, de l'Arc-de-Triomphe à la porte Maillot. Pas une maison qui n'ait reçu un ou plusieurs obus. Il en est quelques-unes qui en sont littéralement criblées. C'est le plus navrant spectacle que j'aie jamais vu.

Les longues files de voitures de déménagement chargées de meubles, de femmes, d'enfants, de vieillards, qui sillonnent l'avenue venant de tous les points bombardés, disent assez le danger auquel tous ces malheureux étaient exposés. Ils fuient sans regarder en arrière. A leur allure, à leur effarement, on voit qu'ils ne se croient pas encore en sûreté. Ce n'est que lorsqu'ils ont franchi l'Arc-de-Triomphe et pénétré dans les Champs-Élysées qu'ils commencent à respirer et à se sentir enfin hors de l'atteinte des projectiles.

*

Le citoyen Raoul Rigault a donné sa démission de délégué à l'ex-préfecture de police.

Il est remplacé par le citoyen Cournet.

La Commune a donné à chacun de ses membres le droit de pénétrer dans les prisons à toute heure de jour et de nuit. Le citoyen Rigault a protesté. On a passé outre. « Ma responsabilité, » a dit l'ex-délégué à ses collègues dans la séance où la mesure a été décidée, « ne saurait se concilier avec l'exercice de ce droit : je me retire. » Séance tenante, son successeur a été nommé.

*

On annonce également la démission du citoyen Rossel, de ses fonctions de président de la cour martiale.

*

L'émotion est vive dans le faubourg Saint-Antoine. Quelques hommes seulement du 118ᵉ bataillon ont reparu après un assez long séjour aux avant-postes. Le gros du bataillon aurait été détruit ou fait prisonnier.

26 avril.

Le principe électif est la base même de toutes les revendications des hommes du 18 mars.

L'*Officiel* de ce matin publie un arrêté portant réorganisation des états-majors de toutes les légions. Ledit arrêté décide que, depuis les quatre adjudants jusqu'au chef d'état-major lui-même, tous les grades seront conférés « par le délégué à la guerre ».

*

Est démentie : l'occupation probable du fort de Charenton par l'armée régulière.

*

Proudhon lui-même n'entendait pas le socialisme à la manière de messieurs de l'Hôtel-de-Ville. Il voyait nettement où devait nous conduire une révolution sociale telle qu'on la veut à la Commune.

Sous ce titre : *Une prophétie*, la *France* publie le tableau suivant que présenterait, d'après Proudhon, notre malheureux pays si jamais cette révolution devait s'accomplir.

Une grande partie de cette trop véridique prophétie s'est, hélas! déjà réalisée à Paris. Il reste peu de chose à faire à la Commune pour que les autres points s'en vérifient. Tous les jours elle fait un pas nouveau dans la voie qui, parcourue jusqu'au bout, précipiterait la France dans l'abîme.

Voici cette prophétie :

La révolution sociale ne pourrait aboutir qu'à un immense cataclysme dont l'effet immédiat serait :

De stériliser la terre ;

D'enfermer la société dans une camisole de force ;

Et, s'il était possible qu'un pareil état de choses se prolongeât de quelques semaines,

De faire périr par une famine inopinée trois ou quatre millions d'hommes.

Quand le gouvernement sera sans ressources ; quand le pays sera sans production et sans commerce ;

Quand Paris affamé, bloqué par les départements ne payant plus, n'expédiant pas, restera sans arrivages ;

Quand les ouvriers, démoralisés par la politique des clubs et le chômage des ateliers, chercheront à vivre n'importe comment ;

Quand l'État requerra l'argenterie et les bijoux des citoyens pour les envoyer à la Monnaie ;

Quand les perquisitions domiciliaires seront l'unique mode de recouvrement des contributions ;

Quand les bandes affamées parcourant le pays organiseront la maraude ;

Quand le paysan, le fusil chargé, gardera sa récolte, abandonnera sa culture ;

Quand la première gerbe aura été pillée, la première maison forcée, la première église profanée, la première torche allumée ;

Quand le premier sang aura été répandu ;

Quand la première tête sera tombée ;

Quand l'abomination de la désolation sera par toute la France ;

Oh! alors, vous saurez ce que c'est qu'une révolution sociale. Une multitude déchaînée, armée, ivre de vengeance et de fureur.

Des piques, des haches, des sabres nus, des couperets et des marteaux ;

La cité morne et silencieuse ; la police au foyer de famille, les opinions suspectées, les paroles écoutées, les larmes observées, les soupirs comptés, le silence épié, l'espionnage et les dénonciations ;

Les réquisitions inexorables, les emprunts forcés et progressifs, le papier-monnaie déprécié ;

La guerre civile, et l'étranger sur les frontières ;

Les proconsulats impitoyables, le comité de salut public, un comité suprême au cœur d'airain :

Voilà les fruits de la révolution dite démocratique et sociale.

P.-J. Proudhon.

※

J'apprends qu'hier au soir l'église Saint-Nicolas-des-Champs a été transformée en club.

※

On parle de vives discussions qui auraient eu lieu cette nuit dans une séance secrète à l'Hôtel de ville. On ne s'y entend plus. Les embarras financiers autant que le peu de confiance qu'a témoigné à la Commune le scrutin du 16 avril préoccupent une partie des membres, dont quelques-uns auraient dit que la situation n'était plus tenable.

※

Un placard imprimé sur papier bleu est affiché aujourd'hui sur tous les murs de Paris. Il rappelle en termes très-nets que le chef du Pouvoir exécutif a accédé loyalement à toutes les demandes légitimes qui lui ont été faites ; que ces déclarations, dont la sincérité ne peut être suspectée, donnant satisfaction à

Paris, la guerre doit cesser. L'auteur termine en faisant appel au patriotisme de tous pour arrêter la lutte.

Non-seulement cette affiche n'a point été lacérée, comme elle l'eût été il y a huit jours, mais elle est lue avec empressement et sympathie. Je n'ai pas appris qu'on ait recherché et arrêté son auteur. Le langage de la raison reprendrait-il quelque autorité parmi nous?

*

Le nombre des bataillons qui refusent le service aux remparts s'accroît chaque jour. Je note avec empressement ce fait qui me revient de toutes parts.

*

La démission du citoyen Rossel, de ses fonctions de président de la cour martiale, est confirmée.

Le citoyen Rossel se retire à la suite de l'annulation par une commission *ad hoc* d'un jugement rendu sous sa présidence, et auquel avaient pris part trois juges arbitrairement désignés par lui en l'absence des titulaires.

27 avril.

Une dépêche de Versailles nous annonce que les troupes d'investissement ne se bornent plus, dans le sud, à repousser les fédérés. Le bombardement de ces forts se poursuit depuis le 25 avec vigueur.

A minuit, la nuit dernière, de larges brèches étaient faites à celui d'Issy; les casemates et les batteries étaient mises dans le plus déplorable état. Son feu était éteint. Mais ce fort est miné. Des précautions doivent être prises avant de s'en emparer. Voilà comment les troupes de Versailles, le voyant évacué, n'ont pas jugé devoir s'en emparer et ont laissé les fédérés le réoccuper. Ce fort a donc pu répondre encore dans la journée, à de rares intervalles, aux batteries de Châtillon qui continuent à le couvrir de projectiles. Vanves et Montrouge ont également beaucoup souffert.

Un autre succès a marqué encore la journée ou plutôt la nuit, pour les Versaillais; ils se sont emparés des Moulineaux.

*

Un décret de la Commune, promulgué ce matin, enjoint aux cinq grandes compagnies de chemins de fer d'avoir à verser dans les 48 heures, au trésor, la somme de 2 millions pour solde du dixième de l'impôt en 1870. Que vont faire les compagnies?

*

Très-sérieux le décret sur les officiers ministériels. Le journal de la Commune publie deux décrets qui nomment 11 huissiers et 3 commissaires-priseurs.

*

Les désertions et les défections de tout genre se

multiplient et inquiètent la Commune. Elle vient de décider que tous les bataillons de marche seraient casernés. Cette mesure est rendue nécessaire par le peu d'empressement avec lequel, bien que touchant solde et vivres, on répondait au rappel ou à la générale. La surveillance la plus sévère est exercée aux portes des casernes. Tout homme dont la compagnie peut être appelée aux remparts dans les 24 heures est consigné. Ce n'est qu'à l'intérieur des casernes que se fait la paye et que peuvent être pris les repas. Aucun bataillon n'est caserné dans son quartier. J'ai croisé il y a quelques heures, rue Richelieu, quelques groupes de différents bataillons de Ménilmontant et de Belleville : ils se rendaient à la caserne de la rue de Babylone.

*

Je viens d'acheter le premier numéro du journal *la Paix*. Son titre dit dans quelle pensée cette feuille est créée. Elle est rédigée avec talent et semble d'ailleurs continuer la politique du *Bien public*, c'est-à-dire la politique qui veut tout à la fois et avant tout l'ordre et la liberté. Je lui souhaite longue vie. Mais pour cela il lui faudra, je le crois, un peu plus de prudence dans son courage que ne paraît en faire pressentir son premier numéro. Le prix de la nouvelle feuille est de 10 centimes.

*

La municipalité du 12° arrondissement, ou mieux, celle qui lui est imposée par la Commune, a fait afficher la note suivante reproduite par le journal officiel de ce jour :

« Les frères et les sœurs des écoles chrétiennes ont abandonné leur poste.

« Appel est fait à tous les instituteurs laïques, afin qu'ils aient à se présenter à la mairie, bureau du secrétariat général.

« Nous espérons que cette lacune sera bientôt comblée, et que chacun reconnaîtra que jamais occasion plus solennelle ne nous a été offerte d'inaugurer définitivement l'instruction laïque, gratuite et obligatoire.

« L'ignorance et l'injustice font place désormais à la lumière et au droit !

« Vive la Commune ! Vive la République ! »

Il est difficile de travestir plus audacieusement la vérité connue de tout Paris.

Aussi ne me donnerai-je pas la peine de rappeler les mesures vexatoires dont les établissements religieux ont été l'objet ; de montrer l'assistant du supérieur général des frères emprisonné ; toutes les congrégations perquisitionnées et pillées, les frères comme les religieuses violemment expulsés des classes qu'ils dirigeaient.

Mais ce que je veux dire, c'est que depuis le 2 avril et en ce moment encore les frères des écoles chrétiennes sont sur le champ de bataille, où au péril de leur vie ils recueillent et soignent les gardes nationaux blessés, et que, publier à leur adresse cette note, est tout simplement odieux.

*

Divers journaux reproduisent un manifeste de l'Union syndicale qui devrait être porté aujourd'hui à Versailles ; ce manifeste a pour titre : *Déclaration de la commission de conciliation.*

Sur nombre de points, la commission revendique pour Paris des droits exceptionnels. Au fond, ce document est plus ou moins la reproduction des exigences de la Ligue républicaine. Une réponse identique lui est donc naturellement réservée.

*

J'ai noté en son temps la perquisition opérée chez M. Debrousse. Cet honorable industriel vient d'en subir une seconde. Des ouvriers en coffres-forts accompagnaient le détachement de la garde nationale. Cinq caisses ont été forcées. Le travail, commencé à 8 heures du matin, a duré jusqu'à 2 heures après-midi. Toutes les valeurs et les papiers que renfermaient ces caisses ont été enlevés, et notamment une inscription de rente au porteur, d'une somme importante.

28 avril.

Quelques journaux affirment que les Prussiens auraient arrêté, à Creil, des convois de subsistances en destination de Paris.

Cette nouvelle, qui avait pris ce soir une assez grande consistance, inquiète la population.

Depuis deux jours, le lait n'arrive plus.

*

Le discours prononcé à l'Assemblée, dans la séance d'hier, par M. Thiers, est dans toutes les mains. C'est tout ce que je puis dire au moment où je résume cette journée, car il ne nous est arrivé que cette après-midi seulement. Je ne serai en mesure d'enregistrer que demain l'effet qu'il aura produit sur l'opinion.

*

La presse s'occupe beaucoup d'un projet de transaction proposé par *le Temps.*

Ce journal demande une suspension d'armes de 25 jours, pendant laquelle il serait procédé à l'élection d'une nouvelle Commune, d'après la loi votée par l'Assemblée nationale. La nouvelle Commune aurait seule le droit d'entrer en négociations avec Versailles.

Ce projet, dont les intentions sont sans doute excellentes, soulève de nombreuses et sérieuses objections.

On lui reproche de n'être point pratique. Et d'abord qui fera procéder aux élections? A coup sûr ce soin ne peut être remis au pouvoir insurrectionnel du 18 mars. Ensuite, plus de 100,000 électeurs, dit-on, ont quitté Paris. Où est le moyen de les faire voter? Les istes électorales sont falsifiées et doivent être revisées etc., etc. *La Paix* qui présente cette dernière objection ajoute : « Nous n'admettons pas, en effet, qu'un fouillis de cosmopolites et un ramassis de repris de justice, s'intitulant citoyens de la République *universelle*, viennent prendre part au vote de notre municipalité. »

✻

Les délégués de la typographie parisienne sont en instance pour obtenir le retrait des décrets qui ont supprimé divers journaux depuis le 18 mars; ils s'adressent à la Commune au nom de la liberté de la presse, que les anciens typographes ont toujours soutenue, et des innombrables familles que ces mesures jettent dans la misère, en leur enlevant le pain du travail.

✻

Encore une église, celle Sainte-Marguerite, profanée par la perquisition des agents de la Commune. Cette fois, cependant, on n'a rien dérobé. On a dressé une sorte d'inventaire des objets consacrés au culte, et un piquet de 10 hommes a été installé dans une salle annexée à la sacristie, pour empêcher le transport de ces objets au dehors.

✻

L'intempérance des fédérés prend de telles proportions, que le but qu'on se propose à la Commune, en protégeant le vice hideux de l'ivrognerie, est chaque jour dépassé davantage.

Dernièrement le délégué à la guerre, édifié sur l'étendue du mal, feignait de croire que les nombreux cas d'ivresse devaient être attribués à la falsification des vins. Il ordonna, en conséquence, qu'il lui serait remis tous les matins deux décilitres du vin consommé par ses troupes.

Aujourd'hui sa sollicitude va plus loin. Le délégué à la guerre, par un arrêté inséré à l'*Officiel*, enjoint aux débitants de Levallois, Clichy et Saint-Ouen de fermer leurs établissements à deux heures après midi. Voici qui est significatif. Ces villages sont ceux où se sont repliés les fédérés le 17, après la prise d'Asnières par l'armée régulière.

29 avril.

Dans certaines administrations publiques et privées, dans beaucoup d'usines et d'ateliers, un règlement prévoit, de la part des employés et ouvriers, les infractions possibles, et détermine des amendes qui sont imposées à ceux qui s'en rendent passibles. « Les conventions font les lois, » a-t-on coutume de dire dans le peuple.

La Commune n'est pas de cet avis, et le *Journal officiel* de ce matin nous apporte un décret qui prohibe les règlements et les contrats de cette nature, entre les chefs d'administration et les employés, entre les patrons et les ouvriers.

Désormais une absence, une erreur, une malfaçon dans un travail, une infraction quelconque en un mot à la règle, infraction que l'employé ou l'ouvrier avait le droit de racheter par une légère amende, pourra motiver son renvoi.

Il faut noter que nulle part ces retenues ne profitaient au patron. Elles constituaient une sorte de fonds commun destiné à venir en aide aux intéressés eux-mêmes en cas de maladie, ou concouraient à l'alimentation de la caisse des retraites.

※

La Commune ne se borne pas à faire des décrets ; elle propose encore des énigmes à la population ; exemple : Tous ceux qui par profession cultivent le champignon enverront leur adresse au gouvernement.

C'est l'*Officiel* qui les y invite. J'ai vu un cultivateur de cette excellente plante : il ne comprend pas et s'abstient.

※

La même feuille contient une note qui n'est pas précisément un brevet d'honnêteté pour messieurs les officiers fédérés. Le général Cluseret dit que certains de ces officiers, ayant cessé leurs fonctions, « se retirent avec l'équipement et les armes qui ne leur appartiennent plus ». Très-certainement ce vol à l'équipement et à l'armement a pris de belles proportions, s'il doit justifier cette parole du délégué à la guerre : « Il faut en finir avec un abus *coûteux* pour la Commune. »

L'opinion est unanime dans son approbation du discours de M. Thiers, à la séance du 27 : il a produit un excellent effet. On sait gré au chef du Pouvoir exécutif des dispositions conciliantes dans lesquelles il persiste, et de ses efforts pour arriver à arrêter l'effusion du sang. On loue sans réserve aussi sa fermeté, quant au respect qu'il entend imposer de l'autorité de l'Assemblée, seul pouvoir régulier, qui n'en peut admettre d'autre en face du sien : on ne traite pas avec les rebelles.

※

L'événement du jour est la manifestation des francs-maçons.

2 ou 3,000 « frères » se sont réunis, et, accompagnés de quelques membres de la Commune, se sont rendus à la porte Maillot, où ils sont allés planter sur les remparts les emblèmes de leur ordre. De là, quelques délégués ont dû se rendre à Versailles pour porter de prétendues paroles de paix. La ligue républicaine, en apparence au moins, semblait libre de tout engagement, lorsqu'elle se rendait auprès du Pouvoir exécutif; elle proclamait que son intervention était absolument indépendante de la Commune. Il n'en est pas de même des francs-maçons ; ils ont au contraire organisé leur manifestation sous le patronage de la Commune, accepté et exagéré le programme de ses prétentions. Enfin, c'est après avoir reçu *l'accolade* à l'Hôtel de ville que cette fraction de l'ordre maçon-

nique, reniée par ce qu'on appelle les grands dignitaires, s'est mise en marche.

※

Félix Pyat a retiré sa démission; il cède à la touchante prière qu'il en a reçue, dit-il, des *citoyennes* de son arrondissement.

30 avril.

Une attaque a eu lieu la nuit dernière : elle était bien d'initiative versaillaise, et avait pour objectif le village des Moulineaux et la gare de Clamart, dont une partie était encore occupée par les fédérés.

Voici en deux mots ce qui s'est passé :

Déjà dans un déplorable état, le fort d'Issy et les remparts voient un feu terrible les couvrir de projectiles, à partir de 9 heures. Les fédérés, mal protégés par ces remparts tombés et la forteresse démantelée, essayent de répondre. Ils font de leur mieux et concentrent toute leur attention sur cette défense.

Pendant ce temps, deux colonnes de troupes régulières s'avancèrent sans être inquiétées, l'une dans la direction de la gare de Clamart, l'autre vers la partie des Moulineaux, encore au pouvoir des fédérés. La fusillade s'engage bientôt entre les deux partis. Après un combat de deux heures, les fédérés se replient en désordre sous le fort. A minuit, au moment où je constatais la cessation du feu, l'armée de Versailles occupait les Moulineaux, la gare de Clamart et une partie du parc d'Issy.

Tel est le résultat important de cette action, dans laquelle l'armée de Versailles a subi quelques pertes, mais qui est une des affaires qui aura coûté le plus cher aux troupes insurrectionnelles. On cite le 161e bataillon comme ayant été littéralement décimé.

Ce matin à 11 heures, le fort d'Issy était abandonné par les fédérés.

Le *Journal de Paris* dit à ce sujet : « Nous avons assisté au défilé attristant de la garnison de ce fort. Les malheureux gardes nationaux étaient dans un état déplorable de découragement et de délabrement ; ils répétaient, comme toujours, qu'ils avaient été trahis, mais cette fois l'évacuation était une réalité au moins apparente. Le commandant du fort, le fameux citoyen Mégy et ses officiers, avaient abandonné la garnison à elle-même, sans ordre, sans abri, sous une pluie de mitraille.

« Que pouvaient faire les fédérés déjà tant éprouvés depuis trois jours dans un fort et derrière des remparts presque entièrement détruits ? Ils se retirèrent. Nous nous attendons à les voir traités de lâches par l'exécutive. »

*

J'ai le regret d'enregistrer le fait officiel du versement, par la compagnie du chemin de fer du Nord, de sa part contributive de 303,000 fr., dans les 2 millions dont avait besoin la Commune.

※

Ce fait et la nomination de deux notaires fonctionnaires, c'est tout ce dont le journal de ce matin enrichira mes notes du 30 avril. Plus et pour mémoire, des rapports mensongers sur les opérations militaires du 29.

※

Dernièrement une note du délégué au « Commerce et subsistances » annonçait l'abaissement du prix des denrées. Ces prix subissent une hausse considérable.

Bœuf, le demi-kilogr.	1 fr. 50
Mouton, —	1 70
Porc, —	1 70
Veau, —	(Mémoire).

Il n'y en a plus depuis longtemps.

Un lapin, grosseur ordinaire.	5 fr.
Chou.	(Mémoire).

On n'en trouve sur aucun marché.

La boîte de sardines qui valait un franc (elle contient 8 sardines), le jour où M. le délégué nous annonçait l'abaissement des prix, coûte aujourd'hui 1 fr. 80.

Et ainsi de toutes choses.

※

Des bruits d'intervention allemande se sont répandus hier. Ils semblent prendre quelque consistance aujourd'hui.

Le général de Fabrice, qui commande à Saint-Denis, aurait demandé à la Commune la mise en liberté de Mgr Darboy. Cette demande a jeté quelque émoi au sein de l'assemblée révolutionnaire.

*

Mes lecteurs ont lu l'étonnement de Paris au sujet de l'invitation adressée solennellement par l'intermédiaire du journal officiel à tous les cultivateurs de champignons, d'avoir à donner leur adresse au gouvernement.

Cet appel, mystérieux au moins dans ses termes, est aujourd'hui expliqué. Ce n'était point par pure sollicitude pour le précieux cryptogame que le gouvernement voulait entrer en relations avec ses producteurs : c'est qu'eux seuls pouvaient donner des renseignements sur les carrières qui s'étendent sous Montrouge, carrières bien connues des cultivateurs du champignon. L'agriculture et l'alimentation publique étaient donc étrangères à l'événement. Je m'en doutais quelque peu.

1er mai.

L'étoile du citoyen Cluseret pâlissait à la Commune depuis quelques jours.

L'*Officiel* de ce matin annonce en ces termes son arrestation :

« Le citoyen Cluseret est révoqué de ses fonctions

de délégué à la guerre. Son arrestation, ordonnée par la Commission exécutive, est approuvée par la Commune. »

Plusieurs versions circulent sur le véritable motif de la brusque disgrâce dont vient d'être frappé le délégué à la guerre.

Le grave échec subi par les fédérés le 29 n'y est sans doute pas étranger, mais on parle des prétentions à la dictature qu'aurait élevées le généralissime de l'armée fédérée; puis d'un conflit qui aurait éclaté entre lui et le citoyen Delescluze, dont l'autorité grandit chaque jour au sein de la Commune. Ce serait à la suite de ce conflit que le citoyen Delescluze aurait exigé non-seulement la destitution, mais l'arrestation du général Cluseret.

Ceux qui ne veulent voir dans la destitution et l'arrestation du ministre de la guerre que l'insuccès militaire puni, rappellent que l'incarcération des chefs est le seul mode vrai par lequel la Commune annonce ses défaites les plus sérieuses à la population. Et alors reviennent à la mémoire les noms de Lullier et de Bergeret. Où que soit la cause de la mesure, elle prouve une fois de plus que, même sous la Commune, la roche Tarpéienne est près du Capitole.

*

C'est le citoyen Rossel qui remplace à la guerre le citoyen Cluseret.

Ce personnage était à la fois le chef d'état-major de son prédécesseur et président de la Cour martiale.

On dit que M. Rossel, qui prend le titre de colonel du génie, est un ancien officier mécontent de l'armée régulière.

*

Je l'ai déjà consigné dans ces notes quotidiennes. Plus on est étranger aux choses de la guerre, de l'administration, des finances, de la politique, de l'économie *sociale*, plus on y montrera d'aptitude et de savoir, plus on y obtiendra de succès, pourvu qu'on soit envoyé en possession d'une des nombreuses fonctions qui y ressortissent, par les hommes universels qui siègent à l'Hôtel-de-Ville : on ne sort de l'Hôtel-de-Ville que transformé.

En voici une preuve nouvelle, et je l'emprunte à un rapport inséré au journal de la Commune, du jour.

Les sieurs G. May et Élie May étaient tous deux brocanteurs en bijoux et pierreries fausses, et juifs par-dessus le marché, exerçant leur petit métier, avant le 18 mars, à des heures déterminées, dans les passages, dans les cafés du boulevard, à celui des Variétés, par exemple.

Arrive le 18 mars. Le citoyen Eudes, qui commence par se nommer général, fait appeler le citoyen G. May et lui confère le grade d'*intendant général*.

Ce n'est pas plus difficile que cela.

Hé bien, dans ces importantes fonctions pour lesquelles les frères May ont été si heureusement préparés (car nous verrons tout à l'heure qu'ils les ont exercées de compte à demi comme ils brocantaient les pierreries fausses) par les études spéciales que je viens de vous rappeler, les deux frères May, dis-je, ont fait merveille. Ils nous l'affirment eux-mêmes dans le rapport dont je viens de parler.

L'aîné nous dit d'abord, dans un français qui n'a rien à voir avec l'Académie, que le général Eudes l'a « désigné pour *prendre possession* et *faire fonctionner* l'intendance » ; une fois en *possession* et *faisant fonctionner* l'intendance, il installe des « employés qui répondaient au public ». On n'avait jamais vu cela : des employés qui répondaient au public. Il était réservé au citoyen May d'accomplir ce tour de force.

Mais la tâche est lourde pour un seul homme : *prendre possession* et *faire fonctionner* une intendance.

Que fait le citoyen intendant général ? Je cite : « J'ai dû appeler *auprès de moi le dévouement* de mon frère Élie May. » — « Je lui ai fait, nous dit-il encore, conférer le titre d'intendant divisionnaire. »

Ce dernier était alors « chargé de la *Direction générale des tabacs* ».

Sont-ils assez doués les frères May ? Le bijou doré, la pierre fausse, la Direction générale des tabacs, la vaste administration des subsistances d'une armée, rien ne les effraye. Bons à tout, quoi !

La Commune tente en ce moment le recouvrement des prétendus rôles de contribution qu'elle vient d'établir pour certains quartiers.

Elle demande aux propriétaires de payer les impôts de 1871.

Elle vient de faire distribuer les avertissements.

Voici les dispositions générales des propriétaires :

1° Ils payeront lorsqu'ils y seront forcés comme contraints.

2° Comme « qui paye mal paye deux fois », ils recourront au ministère d'un huissier en versant les sommes exigées par la force, pour réserver leurs droits contre le percepteur, le délégué aux finances et tous fonctionnaires ou prétendus tels qui auront concouru à la préparation et à l'exécution des actes illégaux en vertu desquels on les obligera à payer.

J'approuve.

※

Une manifestation soi-disant départementale a eu lieu hier dans la cour du Louvre.

Appel avait été fait par voie d'affiches à tous les citoyens domiciliés à Paris, *originaires de la province*. Le prétexte toujours le même : la conciliation.

Il a plu à M. Millière, qui présidait cette réunion, de considérer les quelques centaines de personnes qui se sont rendues à cet appel comme *délégués* de leur département d'origine.

C'était un guet-apens.

M. Millière avait préparé à l'avance un acte d'adhésion pure et simple à la Commune; il a demandé des signatures et en a obtenu quelques-unes des personnes notamment qui, de complicité avec la Commune, avaient organisé la réunion. Après quoi les signataires, escortés des curieux qui ne manquent jamais dans ces circonstances-là, ayant à leur tête le citoyen Millière, sont allés porter leur papier à l'Hôtel-de-Ville.

Tous ceux qui ont pris part à cette manifestation ont quitté leurs départements depuis plus ou moins longtemps, et la plupart sans esprit de retour. En fût-il autrement, à quel titre, du jour au lendemain, se présenteraient-ils à une réunion de cette nature avec la prétention d'y représenter ces départements et d'exprimer leurs désirs, leurs besoins et leurs vœux? Une seule assemblée a ce mandat, ces droits et ces devoirs : c'est la Représentation nationale, en vertu des pouvoirs qu'elle tient du pays lui-même. Elle ne tient pas ses assises dans la cour du Louvre, mais à Versailles.

*

Voici encore un des défenseurs « de nos franchises municipales » qui certainement n'est point né parmi nous et dont aucune mairie de France ne pourrait certifier l'état civil : il est officier d'ordonnance du général en chef qui commande à Neuilly et a nom : Patapenki. Le ki est bien assez polonais, mais le Patapen? Le Patapen déroute même les spécialiste qui s'occupent depuis le 18 mars d'établir la nationalité des innombrables étrangers entre les mains desquels sont tombées les destinées de la grande et malheureuse cité.

2 mai.

Décret de la Commune qui crée un Comité de salut public, « composé de cinq membres », avec les « pouvoirs les plus étendus sur toutes les délégations et commissions ».

Ce Comité « ne sera responsable *qu'à* la Commune ».

On ne comprend pas très-bien ce dernier membre de phrase, d'un français tout socialiste et communeux.

Mais ce qui est plus facile à comprendre, c'est ce second décret qui fait suite au premier :

« La Commune...

« Décrète :

« Les membres de la Commune ne pourront être traduits devant aucune autre juridiction que la sienne (celle de la Commune). »

Ce qui signifie que la Commune a peur pour elle du tribunal qu'elle institue, et, en conséquence, elle prend la précaution de se déclarer elle-même un tribunal pour ses propres membres.

Je trouve la peur légitime, tout en reprochant à la précaution de faire une nouvelle brèche au principe d'égalité. Mais, après tout, ce principe a subi tant d'atteintes à l'Hôtel de ville depuis le 18 mars, qu'une de plus ou de moins ce n'est pas une affaire.

La partie officielle du *Journal de la Commune* ne contient que ce décret, et c'est assez.

*

Mais, comme hier, la partie non officielle de la feuille arrête encore mon attention.

Ce n'est point seulement à l'intendance qu'on écrit et qu'on parle ce français fantaisiste dont j'ai recueilli quelques spécimens. Il fleurit aussi dans les rangs des bataillons actifs des fédérés.

Le commandant Naze avait la garde du fort d'Issy. Voici en quels termes il informe ses chefs de la sommation qui lui fut faite de rendre la place : « Le commandant du 110ᵉ bataillon reçut un parlementaire qui lui *ordonnait* de rendre le fort *ou d'être passé par les armes.* »

Plus loin : « Il me serait difficile de citer de nombreux actes de bravoure exécutés par mon bataillon. »

Mais dans le 110ᵉ, où on *ordonne* au chef du bataillon d'être *passé par les armes*, où ne s'accomplissent pas de « nombreux actes de bravoure », il y a pourtant des officiers qui se distinguent. Le rapport en donne la liste qui se termine : « ..... et enfin le *nommé* Ménard, sous-lieutenant. »

Avoir fait un pareil rapport et mourir ! Car le commandant Naze va mourir.

Le défenseur du fort d'Issy annonce sa résolution

ainsi au délégué à la guerre : « Demain je compléterai le nombre des tués. »

☆

Les quelques journaux du soir qui nous restent s'élèvent avec force contre le décret qui crée le Comité de salut public. « Il était naturel, dit l'un d'eux, que, voué fatalement au plagiat de 93, les hommes de l'Hôtel de ville exhumassent ce mot et cette chose également sinistres. »

Un autre : « La Commune est tourmentée du désir d'imiter les hommes de 93. Nul doute que nous verrons sous peu apparaître le tribunal révolutionnaire, avec cette seule différence que le chassepot, ou mieux la mitrailleuse, plus expéditive, remplacera la guillotine. »

Le décret en question est affiché sur tous les murs. Les souvenirs que rappelle le tribunal odieux qu'on vient de restaurer revenaient à tous dans les groupes qu'attire toute affiche du jour. Mais nul n'osait formuler un avis, exprimer une opinion, manifester son impression. On quittait le groupe l'âme plus triste encore qu'il y a quelques instants, et, si deux amis avaient lu ensemble, c'est bien bas qu'en se retirant ils se communiquaient leurs réflexions. Elles se terminaient invariablement par cette interrogation que chacun s'adresse depuis un mois, dans les sentiments de la plus vive appréhension : Mais où allons-nous? où allons-nous? Quand tout cela finira-t-il?

2 MAI.

Le bombardement de la nuit et d'aujourd'hui a achevé son œuvre. Le fort d'Issy est à peu près détruit. Les Versaillais pourraient s'en emparer. Ils ne le veulent pas. Ils n'ont plus à redouter ses feux ; cela leur suffit.

D'un autre côté, ainsi que je l'ai dit antérieurement, outre la crainte qu'une mine n'ait été creusée et armée, il était dangereux d'occuper une position dont les remparts et les travaux de défense sont à ce point endommagés.

Les troupes qui s'y seraient établies auraient eu à lutter dans une position d'infériorité évidente contre les batteries de Vanves et les canonnières. On ne prendra donc possession d'Issy que lorsque Vanves et la flottille de la Seine auront à leur tour été réduits au silence.

C'est désormais sur Vanves, Montrouge et la flottille que sont dirigés tous les efforts des troupes régulières.

*

Les arrestations et les perquisitions se poursuivent. Il y a même recrudescence.

On a pillé et dévasté l'habitation de M. le ministre de l'intérieur, M. Ernest Picard, avenue de la Grande-Armée. Les caves n'ont point été oubliées : elles ne le sont nulle part. La chasse à l'homme ne se ralentit pas non plus. On y emploie les bataillons les plus dévoués à la Commune, cela va sans dire.

Les journaux *la Paix* et *l'Écho du soir* ne paraissent pas aujourd'hui. On dit qu'ils sont supprimés. Le *Journal officiel* est muet au sujet de ce nouvel acte de libéralisme de la Commune.

3 mai.

La Commune, dans une note insérée à *la partie officielle* de son journal, donne la mesure de son respect pour le drapeau parlementaire :

« L'envoi de parlementaires sert parfois à couvrir une ruse de guerre. On ne doit donc pas interrompre le feu pour les recevoir, *quand même l'ennemi aurait interrompu le sien.* »

De pareilles déclarations se passent de commentaires.

*

Le même organe publie le compte rendu de la séance de la Commune, dans laquelle a été décidée la constitution du Comité de salut public.

Le citoyen Miot a été l'un des premiers à provoquer la création de ce tribunal. Il le rappelle et termine par cette phrase grosse de sinistres promesses :

« On accuse généralement la Commune de mollesse, d'inactivité. Il faut un Comité qui donne une impulsion nouvelle à la défense et ait le courage de faire *tomber les têtes* des traîtres. »

*

3 MAI.

Se prenant de plus en plus au sérieux, la Commune, ou mieux sa Commission exécutive sous le contre-seing du citoyen Protot, délégué à la justice, vient de nommer cinq juges de paix et quatre greffiers à Paris.

*

Quelques notaires ont vu les scellés apposés sur leurs études par ordre de la Commune.

*

Dans un article énergiquement pensé et écrit, *la Nation souveraine* examine le rôle qui convient à la presse dans les graves circonstances où nous nous trouvons.

Après avoir, avec une vérité saisissante, retracé le tableau de l'anéantissement où est tombé Paris depuis le 18 mars, l'auteur de l'article conclut :

« Qu'y a-t-il donc de si difficile pour la presse à provoquer entre ses divers membres une sorte de meeting de la pensée, des principes, de l'urgence à concerter une action commune dans le but de restituer à Paris le plus incontestable des droits?

« Qu'y a-t-il donc de si difficile pour la presse à lancer un manifeste qui en appellerait de la guerre civile au scrutin civique, et convierait Paris, présent ou absent, à son propre salut?

« La presse est désormais le seul élément d'action qui reste à Paris. Son devoir est donc d'agir.

« ..... Quand nos catastrophes seront accomplies, si

elles doivent s'accomplir, on contemplera à distance nos cruels et ineptes malheurs, ce qui se passe en ce moment sera absolument incompréhensible au souvenir et à l'histoire. On ne pourra avoir un assez dédaigneux étonnement pour cette abdication hébétée d'une population tout entière laissant disposer d'elle-même contre elle-même, de son sang, de sa fortune, de son droit, de son honneur devant la France et le monde.

« Et l'on se dira : Et pourtant il y avait une presse ! »

Cet article était très-lu ce soir dans les cercles politiques et très-apprécié. On le trouvait fort osé au lendemain de la suppression de *la Paix* et de *l'Écho*.

*

On annonce l'arrestation du citoyen Mégy, qui commandait le fort d'Issy.

*

J'étais bien renseigné lorsque je disais que le nouveau délégué à la guerre, M. Rossel, était un officier mécontent, sorti des rangs de notre armée.

Élève de l'École polytechnique, M. Rossel, qui n'a pas encore trente ans, était capitaine du génie au début de la guerre. Prisonnier dans Metz, il est parvenu à s'en échapper, et est allé se mettre à la disposition de la délégation de Tours. Il a plu au dictateur Gambetta, qui l'a fait d'emblée colonel. Cette nomination ne pouvait pas être et n'a pas été ratifiée par le gouvernement du 19 février. De là la mauvaise humeur de M. Rossel et la situation qu'il occupe aujourd'hui.

*

C'est le 8 mai que devrait tomber la colonne Vendôme.

Un échafaudage entoure son piédestal depuis hier.

4 mai.

La Nation souveraine, convaincue « de suivre la politique des journaux supprimés », a cessé de paraître par ordre de la Commune.

La malheureuse feuille aura eu 19 numéros, *l'Écho du soir* 6 et *la Paix* 4 seulement.

La Commune et la boulangerie ne peuvent parvenir à s'entendre. La Commune prétend interdire le travail de nuit aux boulangers, sous le prétexte d'immoralité et de dignité. Premier décret dans ce sens.

Invoquant la liberté du travail, opposant au décret de la Commune les innombrables professions qui s'exercent comme la leur, la nuit, dans l'intérêt de la chose publique, les ouvriers au nom desquels on dit avoir décrété protestent et continuent à pétrir et à enfourner, sans tenir compte de la défense de la Commune.

Nouveau décret publié à l'*Officiel* de ce matin, réitérant l'interdiction, et comme sanction prononçant la saisie des pains fabriqués en violation de la loi.

Depuis son élargissement, le citoyen Assi a peu fait parler de lui. Il a été, il y a quelques jours, relégué à la commission d'enquête sur la fabrication des munitions de guerre. Il y a loin de là au grand rôle du premier jour, alors que le citoyen Assi était tout. N'est-ce pas lui qui, le 29 mars encore, présidait la « solennité de la proclamation de la Commune » ? Ici quelque chose de difficile à dire : la Commune s'étonnait que, n'admettant personne à ses séances et n'ayant donné aucune autorisation d'en reproduire les procès-verbaux, ces derniers s'étalassent tout au long dans les colonnes de *Paris-Journal*.

Quelques indiscrétions sont venues qui auraient éclairé ce mystère : *Paris-Journal* achetait sa copie à raison de 15 fr. par séance. On a remarqué que l'incarcération du citoyen Assi avait coïncidé avec ces révélations.

※

Les dix premiers journaux supprimés par la Commune réduisent à un chômage forcé 5,000 travailleurs : ce chiffre résulte d'une statistique consciencieusement établie par la presse elle-même ; il a été placé, ainsi que les éléments au moyen desquels son exactitude est démontrée, sous les yeux de la Commune.

※

Je viens de lire le compte-rendu de la séance de la Commune, du 2 mai, dans laquelle le délégué aux finances, le citoyen Jourde, a fait connaître la situation financière.

Il en résulte qu'à la date du 30 avril, il n'y avait plus en caisse que 875,827 fr. 58 c.

Du 20 mars au 30 avril, la Commune a dépensé 25 millions, soit 500,000 fr. par jour. Il va de soi qu'il n'est fourni aucune justification, aucun détail qui rende possible un contrôle ou un examen quelconque.

Ainsi, il a été payé » à la délégation de la guerre seule » 20 millions. Qu'est-ce que les citoyens qui se sont succédé « à la délégation » ont fait de cette somme ? Je ne sais pas s'ils le savent eux-mêmes, mais ce que je sais bien, c'est que la France, à qui elle appartenait seule, l'ignorera toujours.

*

Nouveau succès pour les Versaillais, qui, cette nuit, se sont emparés par surprise et sans coup férir du Moulin-Saquet.

Voici comment cette expédition s'est accomplie :

Vers une heure du matin, un détachement d'infanterie très-peu nombreux sortit des tranchées de Villejuif et s'avança vers la redoute. Un troupeau de bœufs conduit par des soldats vêtus en paysans marchait devant le détachement. L'officier commandant les Versaillais connaissait le mot d'ordre des fédérés ; il le donna au caporal qui vint reconnaître la troupe, et les soldats purent ainsi s'introduire dans la redoute, sans que l'éveil fût donné. A peine entrés, ils chargèrent la garnison, presque entièrement endormie et encore fatiguée des attaques qu'elle avait dû soutenir dans la journée précédente. Deux bataillons, le 55ᵉ et le 120ᵉ, furent presque entièrement faits prisonniers.

Des attelages étaient prêts et furent attelés aux canons et aux mitrailleuses de la redoute, qui furent emmenés par les soldats, ainsi que toutes les armes et toutes les munitions.

L'émotion est très-vive dans le quartier des Gobelins, auquel appartiennent ces bataillons.

5 mai.

Pour moitié au moins, la Commuue enfonce ce matin une porte ouverte. L'organe officiel de l'Hôtel de ville publie un décret, portant abolition du serment politique et du serment professionnel.

Le gouvernement du 4 septembre, dès son avénement, avait supprimé le premier de ces serments. Où était l'urgence, l'opportunité même de la suppression du second ?

Le décret de la Commune n'est précédé d'aucun considérant qui nous édifie à ce sujet.

*

Depuis plus de 15 jours, la sortie des chevaux hors de Paris était interdite en fait. Un ordre de la Commune régularise aujourd'hui la situation, et désormais c'est un décret à la main que le fédéré de planton empêchera la sortie de ces animaux.

Quel est le but de la prohibition?

A-t-on en vue l'alimentation publique ou les exigences de la guerre? Le décret officiel, comme dans le cas précédent, ne daigne pas s'expliquer à cet égard. Mais ce qu'il nous dit bien, par exemple, c'est que la seule *tentative* de faire franchir l'enceinte à un cheval, sera punie d'une amende « *égale au triple* » de la valeur de la bête.

*

Le Comité central de la fédération de la garde nationale, dont la puissance et l'autorité continuaient à se faire sentir partout, même depuis la constitution de la Commune, n'avait plus cependant de caractère officiel.

Il vient d'y être pourvu. Ce comité a fait décider par la Commune qu'il serait chargé de l'administration de la guerre, laissant au délégué comme seule collaboration « la direction des opérations militaires ».

Il doit y avoir quelque raison grave dans cette mesure, qui rappelle officiellement aux affaires les organisateurs du mouvement du 18 mars.

*

Le commissaire de police qui a procédé à l'apposition des scellés sur les études des notaires est un sieur hauvet, condamné pour abus de confiance à 15 mois de prison, comme gérant de la banque (le Crédit commercial du Rhône), par le tribunal correctionnel de Lyon.

Le jugement a été confirmé en appel. C'est à Poissy que le commissaire de police de la Commune a subi sa peine.

*

Un délégué de la Commune vient d'arrêter sur la voie publique, de sa personne, le chef de la première légion de la garde nationale.

Le chef de la quatorzième légion a été mis en état d'arrestation.

*

M. Émile de Girardin reparaît sur la brèche. On vend ce soir le premier numéro du nouveau journal du doyen des publicistes. Ce journal a pour titre : *l'Union française.*

Le drapeau qu'il arbore cette fois est celui de la République fédérale. Le fond du programme de l'ancien rédacteur en chef de *la Liberté* est la division de la France en 15 États, sur le plan de l'Union américaine.

Je n'ai pas à me prononcer sur l'opportunité de la présentation d'un tel projet. Mais Paris n'est pas convaincu que, si un décret de l'Assemblée nationale décidait demain qu'il en sera ainsi que le conseille M. de Girardin, la guerre civile serait arrêtée, que les rebelles déposeraient les armes, et que l'ordre, la sécurité individuelle et publique seraient assurés parmi nous.

Non, M. de Girardin ne nous apporte pas le remède au mal.

En revanche, M. de Girardin commet, dans les circonstances graves et douloureuses où nous nous trouvons, une mauvaise action, en apportant aux hommes du 18 mars, dans une certaine mesure, un concours que n'eût point dû trouver en lui l'état de choses qui triomphe en ce moment à l'Hôtel de ville.

*

A 6 heures 1/2 ce soir défilait sur le boulevard, descendant de Montmartre, un bataillon de fédérés, le 147e. En tête marchaient, pour la première fois, au nombre de 12 environ, des infirmières, la croix de Genève au bras, et sur la poitrine l'écharpe rouge en sautoir. La tenue de ces ambulancières, je ne dis pas mal vêtues, mais malpropres, ce qui n'est pas la même chose, n'indiquait certes point des femmes d'honnêtes ouvriers.

Le bataillon, d'ailleurs, était dans l'état que j'ai constaté trop souvent, et quelques-unes des malheureuses elles-mêmes dont je viens de parler eussent à ce moment été peu aptes à donner des secours quelconques aux blessés.

6 mai.

La glorification et l'apologie de l'assassinat et du régicide, tel devait être le premier acte du Comité de salut public.

Le journal officiel de la Commune publie ce matin un arrêté de ce Comité, qui ordonne que la chapelle expiatoire, élevée à la mémoire de l'infortuné Louis XVI, sera rasée.

L'histoire enregistrera les noms des hommes qui n'ont pas craint d'assumer sur leur tête cette responsabilité.

Voici l'arrêté du Comité :

LE COMITÉ DU SALUT PUBLIC.

Considérant que l'immeuble connu sous le nom de Chapelle expiatoire de Louis XVI est une insulte permanente à la première révolution et une protestation perpétuelle de la réaction contre la justice du peuple,

Arrête :

Art. 1ᵉʳ. — La chapelle dite expiatoire de Louis XVI sera détruite.

Art. 2. — Les matériaux en seront vendus aux enchères publiques au profit de l'administration des domaines.

Art. 3. — Le directeur des domaines fera procéder, dans les huit jours, à l'exécution du présent arrêté.

Paris, 16 floréal an 79.

Le Comité de salut public,
Ant. ARNAUD, GÉRARDIN, Léo MEILLET, Félix PYAT, RANVIER.

Le Comité inaugure en même temps la mise en usage du calendrier révolutionnaire, que les hommes du 18 mars n'avaient point encore osé faire revivre.

※

Le délégué à l'ex-préfecture de police, de son côté, poursuit son œuvre contre la presse avec une activité qui ne se dément pas.

La feuille officielle de ce matin nous apporte donc une nouvelle décision du citoyen Cournet, qui supprime encore sept journaux. Ce sont : *le Petit Moniteur, le Petit National, le Bon Sens, la Petite Presse, le Petit Journal, la France et le Temps.*

Cette fois, l'arrêté de suppression est précédé de longs considérants, honneur que n'ont point reçu les feuilles précédemment exécutées.

Le citoyen Cournet est bien bon, il pouvait s'en dispenser. Comme le dit un des survivants à cet hécatombe : le bon plaisir ne se motive pas.

※

Dans quelqu'une des pages qui précèdent, j'ai un peu malmené les intendants général et divisionnaire May, juifs de naissance et brocanteurs de profession. Mais mes sévérités, après tout, étaient purement grammaticales. Si jamais la querelle que je leur ai cherchée leur tombait sous les yeux, combien elle leur paraîtrait douce, quand ils se rappelleraient celle que paraît vouloir leur faire la Commune, et qui y prélude par cette note à l'*Officiel :*

« Les citoyens May, l'un intendant général et l'autre intendant divisionnaire, révoqués pour motifs sérieux, ont trouvé moyen de faire insérer dans le *Journal Officiel*, en l'absence du directeur, un panégyrique de leurs actes, qui est un faux d'un bout à l'autre.

« Une enquête est ouverte. »

*

Les locataires de la ville de Paris se font tirer l'oreille, paraît-il, et veulent vis-à-vis la Commune demeurer dans le droit commun établi par elle, c'est-à-dire ne point payer leurs termes d'octobre, janvier et avril.

Un nouvel avis officiel les met aujourd'hui en demeure de s'exécuter.

*

La séance de la Commune, du 5, dont j'ai le compte-rendu sous les yeux, a vu surgir un incident assez curieux.

Le citoyen Raoul Rigault, ex-délégué à l'ex-préfecture de police, qui cumule aujourd'hui les fonctions de procureur et de membre de ladite Commune, annonce à ses collègues qu'il a fait arrêter et écrouer à Mazas un des leurs, le citoyen Blanchet, ou mieux, dit-il, le nommé Panille, qui ne saurait occuper plus longtemps un siége à la Commune.

Il résulte des renseignements produits, qu'en effet cet individu est tout simplement un repris de justice.

Son vrai nom Panille était dangereux à porter. Il a pris celui de Blanchet, et, après avoir affirmé ses principes démocratiques et sociaux au comité du 18 mars, appuyé par celui-ci auprès d'un des arrondissements de la cité, les électeurs *libres* et *éclairés* du 26 mars ont envoyé ce repris de justice siéger à l'Hôtel-de-Ville.

*

L'officier fédéré qui commandait la redoute du Moulin-Saquet vient d'être mis en état d'arrestation.

*

Un nouveau journal, *l'Étoile*, en est à son troisième numéro. Son attitude est celle qui caractérisait la Ligue républicaine avant son adhésion complète à la politique insurrectionnelle de l'Hôtel-de-Ville.

*

Je rencontre, rue de Bourgogne, le 127ᵉ bataillon revenant du rempart. Il marche dans l'ordre habituel aux fédérés, c'est-à-dire que le milieu de la chaussée ne lui suffit pas, et que le piéton sur le trottoir doit s'effacer avec soin s'il ne veut pas être intentionnellement et brutalement heurté. Ce bataillon se dirige vers la Concorde, aux cris de vive la Commune, vive la République, à bas les aristocrates! A quand le cri complémentaire de l'époque dont on se montre de plus en plus les criminels plagiaires?

Les fenêtres se fermaient sur le passage de ces hommes.

Des bandes de fédérés ont fait ce matin irruption chez tous les boulangers. Un certain nombre de ces derniers, sans respect pour l'acte arbitraire qui leur interdit le travail de nuit, avaient pétri et mis au four. Toute ces fournées encore brûlantes ont été saisies.

*

Toute la nuit on s'est battu au sud de Paris. Le combat ne semble pas avoir été favorable aux fédérés.

Du côté de Montrouge et d'Issy, deux attaques ont été dirigées par les troupes de l'Assemblée. L'attaque faite sur les tranchées en avant du fort de Montrouge était plutôt une reconnaissance qu'appuyaient les batteries de Châtillon bombardant le fort.

7 mai.

La partie officielle de la feuille de l'Hôtel-de-Ville s'ouvre aujourd'hui par un décret autorisant le dégagement gratuit au Mont-de-Piété de toute reconnaissance de 20 francs et au dessous.

*

Dans la partie non officielle une note peu rassurante :

« Le ministère du commerce fait appel aux charcutiers saleurs pour la préparation de la salaison des lards et jambons. »

*

Le 21 mars, vingt-sept journaux signaient une protestation collective contre l'usurpation du Comité central fédéraliste de la garde nationale. Il n'en existe plus que six aujourd'hui. Ce sont: *le Journal de Paris, le Moniteur universel, la Patrie, l'Univers, le National* et *le Siècle.*

*

Les efforts de la ligue de l'Union républicaine, convoquant à Bordeaux les représentants des conseils municipaux de toutes les villes de France, ne rencontrent ici ni encouragement ni approbation de la part des hommes d'ordre. Cette tentative est considérée à juste titre comme un coupable concours donné aux hommes du 18 mars en même temps qu'elle est une atteinte aux droits et à la souveraineté de l'Assemblée nationale.

Paris verrait encore dans le succès de cette détestable entreprise la prolongation des souffrances si réelles et si vives qu'il endure depuis si longtemps.

Sortons enfin du chaos; laissons les élus de la Commune aux intérêts de la Commune, et les élus de la France aux intérêts de la France.

*

Les arrestations :

Le 2ᵉ arrondissement à lui seul a fourni un contingent de cinq prêtres.

*

Le 15ᵉ bataillon de la garde nationale est fort de 1,500 hommes. La Commune exige de lui qu'il prenne le drapeau rouge et qu'il fournisse trois compagnies de marche pour les remparts.

Le commandant repousse le drapeau rouge, mais fait une seule concession ; il fera circuler des listes pour demander des engagés volontaires ; il n'exercera toutefois aucune pression et demeurera neutre. Cinq hommes s'inscrivent. Mécontentement de la Commune. Dans la nuit on se présente à son domicile pour l'arrêter. Il était absent. On a emmené sa femme, accouchée depuis quelques mois et malade. Mme Dupuy est écrouée à l'état-major de la 15e légion, rue Violet.

※

M. Bordin, honorable négociant, demeurant 31, boulevard de Strasbourg, a le malheur de n'avoir pas 40 ans. On s'est présenté chez lui pour l'arrêter comme réfractaire. Il n'y était pas. On a arrêté sa jeune femme et sa vieille mère qu'on a conduites en prison.

Les autres arrestations ne sont signalées par aucun incident particulier.

※

La Commune, qui a fait dans ce but d'inutiles efforts, n'a pu parvenir à organiser un service de ballons montés. C'est à des ballons libres qu'elle confie les manifestes et les appels aux armes qu'elle adresse à la province.

Deux de ces aérostats étaient lancés hier de la place de l'Hôtel-de-Ville.

※

Une remarque est généralement faite :

Dans tous les engagements, les troupes de l'Assemblée ménagent le plus possible la vie des gardes nationaux. Entre deux manœuvres qui peuvent lui assurer la victoire à chance de pertes égales de son côté, on peut être sûr qu'elle choisira celle qui doit faire le moins de victimes de l'autre : son but, c'est le prisonnier. De même, lorsque les fédérés se débandent et fuient en désordre, nos braves soldats ne tirent pas sur les fuyards si, d'ailleurs, les chefs n'ont pas la conviction que la retraite est simulée.

Dès le premier jour, les troupes versaillaises ont fait preuve de ces généreuses dispositions. De l'aveu des fédérés eux-mêmes, si le Mont-Valérien eût traité non en frères égarés contre lesquels on se défend, mais en ennemis, la colonne qui, lors de la folle entreprise du 3 avril, a eu l'imprudence de s'engager sous ses feux, il ne serait pas revenu un seul des hommes qui la composaient. Le fort s'est borné à empêcher le mouvement essayé et à jeter l'effroi dans ses rangs, à la mettre en déroute.

Ces sentiments de notre armée sont des plus honorables et j'aime à en consigner le souvenir.

8 mai.

Le journal de la Commune ne contient rien d'important aujourd'hui, soit dans sa partie officielle, soit dans sa partie non officielle.

Le premier journal que j'ouvre après le journal officiel de la Commune est son organe officieux le plus autorisé, *le Rappel*. Voici ce que j'y lis :

« Il faut que les villes qui, en somme, représentent *le droit* parce qu'elles sont le *travail et l'intelligence*, assurent des garanties contre les velléités *des réactionnaires des campagnes*. »

Si cette injure grossière à l'adresse des populations rurales méritait qu'on la relevât, je répondrais à son auteur : Si vous ne représentez le droit que parce que vous êtes le travail, je repousse votre proposition comme absolument contraire à la vérité. A la campagne, c'est l'aube qui appelle le laboureur aux champs, c'est le coucher du soleil qui donne le signal pour la rentrée à la ferme. A la ville, qui vous est chère, dans la grande ville surtout, la journée de l'ouvrier est de 6, 7 et 8 heures seulement; à la campagne, l'ouvrier se repose le dimanche; à la ville il y ajoute le lundi, le mardi, et, pour le grand nombre, mieux vaudrait le travail durant ces deux jours que le funeste emploi qu'il fait de son temps. Non, le travail n'est pas le privilége exclusif des villes, et c'est à la campagne surtout qu'il est en honneur.

Vous représentez le droit, dites-vous, parce que vous êtes l'intelligence? C'est là une assertion, une affirmation, rien de plus. Jusqu'à ce que vous ayez fait la preuve de cette supériorité des villes sur les campagnes, vous n'aurez pas le droit de revendiquer les priviléges qui, suivant vous, devraient en découler. Faites cette preuve. Tentez cet impossible.

*

On signale dans l'importante commune de Vincennes des troubles d'une certaine gravité. D'accord avec la municipalité, la population veut voir disparaître le drapeau rouge qui flotte sur la mairie par ordre de la Commune de Paris.

*

Hier, vers 4 heures, le colonel Vœlligrane, commandant le 129e bataillon de la garde nationale, était attablé devant un café de la place du Château-d'eau, lorsqu'un individu se disant commissaire de police s'approcha de M. Vœlligrane et lui déclara qu'il le mettait en état d'arrestation. Le colonel, qui était en tenue, porte la main à son ceinturon et décroche son revolver. Mais, prompt comme l'éclair, le commissaire le prévient et, sortant une arme de même nature, fait feu. Le colonel tombe percé de trois balles.

La garde nationale a arrêté le commissaire de police et transporté dans une ambulance voisine le colonel qui respirait encore.

*

A propos de revolver, le chef d'état-major du délégué à la guerre affichait il y a quelques jours qu'il était enfin temps de ramener l'ordre dans la distribution des armes et notamment du rveolver; que plus de *cin-*

quante mille de ces armes avaient été confiées aux fédérés et qu'on n'avait point d'état régulier de cette répartition.

Très-bien, mais ce qui est moins bien, c'est que le port de cette arme soit prohibé pour toute personne qui n'est point par un côté quelconque affiliée à la Commune. De nombreuses arrestations ont été faites et maintenues de personnes signalées comme ayant sur elles un revolver. La population se trouve donc à la merci de cinquante mille fédérés qui, en uniforme ou non, conservent le privilége dangereux entre leurs mains du port de l'arme en question.

※

Les insurgés qui possèdent la redoute des Hautes-Bruyères, ont vu aujourd'hui leurs avancées attaquées par les troupes de l'Assemblée qui en ont enlevé une partie.

Le village d'Issy est depuis ce matin tout entier au pouvoir de l'armée.

La redoute de Montretout a démasqué toutes ses batteries au nombre de neuf, composées de pièces de 32 et de 40. On sait qu'une batterie compte 6 bouches à feu. C'est donc 54 pièces du plus fort calibre qui, toute la journée, ont couvert de mitraille le Point-du-Jour et les bastions d'Auteuil et de Passy.

Rien à signaler à l'Ouest.

9 mai.

Par un arrêté en date, à Paris, « du 19 floréal an 79 », inséré au *Journal officiel* de la République française, publié à Paris le « mardi 9 mai 1871 », le Comité de salut public a décidé la réquisition de tous les chevaux de selle qui se trouvent dans l'étendue des « lignes de la Commune ».

J'ai été témoin ce soir à 5 heures de la manière dont est pratiquée cette réquisition.

Si je ne l'avais pas vu, de mes yeux vu, je n'y croirais pas.

Un de mes amis et moi montions la rue de Solferino, dans laquelle s'engageait en même temps un détachement de garde nationale à cheval fort de 12 hommes. En tête marchaient un chef d'escadron et un capitaine. La petite troupe chevauchait lentement, et nous franchîmes de conserve le pont qui a donné son nom à la rue sur laquelle il débouche. Arrivés à l'extrémité, nous apercevons un domestique tenant en main un magnifique cheval bai qu'il semblait promener. Le commandant lui fait signe de s'arrêter et va droit à lui. Tenus à l'écart par la troupe qui entoura aussitôt le chef de l'escorte, mon ami et moi ne pûmes entendre ce que l'officier dit à ce domestique, mais, en moins de temps que je n'en vais mettre à raconter le fait, la bride du cheval passe des mains de son conducteur dans celles d'un des hommes de l'escorte. Celui-ci fait volte-face et s'éloigne au grand trot de sa monture, emmenant le cheval du malheureux domestique dont la figure trahissait à la fois l'étonnement et la désolation.

Cette scène étrange avait amassé quelques personnes, et l'une d'elles demanda au capitaine : « C'est donc un cheval que cet individu avait pris? — Du tout », répondit-il, « c'est un cheval nécessaire à la cavalerie de la Commune, et nous le réquisitionnons. »

Deux heures après je rencontrai le même détachement sur le boulevard des Italiens. L'escorte ne comptait plus que 5 hommes : le vol au cheval par la Commune sur la voie publique s'était donc renouvelé 6 fois pendant ces deux heures.

*

On dit que, mécontent de la Commune, le Comité central la gourmande et la menace de ressaisir toute l'autorité, si elle ne se montre pas plus énergiquement révolutionnaire. Il adresse les mêmes reproches au Comité de salut public.

On ne peut s'empêcher de reconnaître qu'il est exigeant, le Comité central !

*

Les journaux de Versailles nous ont apporté hier au soir une proclamation adressée par le gouvernement à la population parisienne.

Un fait important ressort de ce document. C'est que la Prusse se lasse et s'impatiente, et se propose d'intervenir pour mettre un terme à une situation qui, en se prolongeant, compromet ses propres intérêts.

Le gouvernement, qui ne veut point attendre que cette impatience de la Prusse se traduise par un acte, nous annonce qu'il prend les mesures nécessaires « pour nous délivrer ».

Qu'il en soit remercié.

*

La loi sur les loyers, que publient également les journaux de Versailles, semble à une première lecture donner satisfaction aux intérêts si difficiles à apprécier qui sont engagés dans cette question.

*

Dans le 5ᵉ arrondissement, la recherche des réfractaires a lieu ainsi. Des patrouilles parcourent les rues à pas lents. Le chef de patrouille examine tous les passants et arrête sans autre forme de procès tout homme qui lui paraît avoir plus de 19 ans et moins de 40 ans. Il est conduit à la mairie, et quatre heures après il est déclaré incorporé dans tel bataillon d'avant-poste où il est envoyé.

Est-ce assez odieux !

*

A peine d'arrestation, les concierges, dans le premier arrondissement, viennent, par un arrêté publié dans le quartier, d'être mis en demeure d'afficher à la porte de la maison la liste nominative de tous leurs locataires. Une fausse indication est punie de la même peine que la non-exécution de l'ordre lui-même.

*

Le bruit circule de nouveau d'une levée en masse jusqu'à 55 ans de tous les hommes en état de porter un fusil.

*

Deux nouveaux journaux ont fait leur apparition ce soir sur les boulevards.

L'un a pour titre : *le Spectateur;* c'est *la France* supprimée qui reparaît après avoir changé de nom.

L'autre prend le titre modeste de *la Justice.*

Pour lui rendre celle qu'il mérite, en toute sincérité, je dirai à la nouvelle feuille qu'elle en manque à chaque ligne dans ce premier numéro, et que c'est sans souci de son titre qu'elle a pu écrire cette phrase par laquelle elle débute : « Le 18 mars a été une révolution, et non une émeute. »

*

Les plus odieuses calomnies sont répandues contre les religieuses bénédictines de Picpus par la presse de la Commune : 84 de ces dignes sœurs viennent d'être écrouées à *Saint-Lazare,* dont les portes ont été ouvertes aux hôtes ordinaires de ce lieu immonde.

Tout Paris est indigné et proteste.

*

Ce soir, à 5 heures, on lit sur tous les murs de Paris une affiche ainsi conçue :

9 MAI.

Midi et demi.

Le drapeau tricolore flotte sur le fort d'Issy, abandonné hier au soir par la garnison.

Le délégué à la guerre,
Signé : Rossel.

Singulière manière d'annoncer une défaite.

Je me réjouis de la nouvelle, mais cette forme cependant qui convient à l'annonce d'un succès me fait peur. Je crains quelque piége.

J'ai un commode observatoire au septième d'une maison de l'avenue de Breteuil, d'où je domine une partie du théâtre de la lutte dans le sud. Je m'y rends. Le fait est vrai. Au moyen de ma longue-vue je distingue très-nettement les trois couleurs du drapeau national auquel a fait place le hideux drapeau rouge.

Du reste, mes renseignements quotidiens sur le résultat de la journée et de la nuit confirment le fait de la prise et de l'occupation du fort d'Issy par les troupes de Versailles.

Tous les efforts des assiégeants, maintenant, se concentrent sur les forts de Vanves et de Montrouge, qui ne sauraient tarder à subir le sort de leur voisin.

A l'ouest, l'action continue.

Les Versaillais avancent toujours lentement, mais sûrement.

10 heures. — Un de mes amis vient de prendre copie, à l'une des mairies des quartiers excentriques, de la dépêche que voici :

Commune à Mairie.

Il est faux que le drapeau tricolore flotte sur le fort d'Issy.
Les Versaillais ne l'occupent pas et ne l'occuperont pas.
La Commune vient de prendre les mesures énergiques que comporte la situation.

Hôtel-de-Ville, 9 mai, 8 heures du soir.

Signé : Vésinier.

Si je n'avais vu moi-même, le doute me serait permis, et ma crainte de la première heure me reviendrait, en présence de ces deux affirmations si contradictoires.

Mais quel est le but de la dépêche du citoyen Vésinier, démentant un fait vrai?

10 mai.

Quel imbroglio !

Il va devenir bien difficile de faire la lumière dans les ténèbres qui vont s'épaississant chaque jour à la Commune.

Pour aujourd'hui, voici :

L'*Officiel* reproduit textuellement la dépêche de Rossel, relative au fort d'Issy.

Il ne reproduit point celle du citoyen Vésinier.

C'est donc le délégué à la guerre qui disait la vérité.

Pendant qu'il fait afficher sa défaite, M. Rossel rédige et envoie sa démission à la Commune, qu'il accuse de délibérer toujours et de n'agir jamais.

Il la rend responsable des revers passés, présents et

futurs de l'armée fédérée dont l'action du chef est sans cesse entravée par les innombrables commissions et comités qui l'enserrent de toutes parts. Le délégué à la guerre nous les nomme. Il dépend d'abord de la Commune, puis plus ou moins :

De la Commission militaire,

Du Comité d'artillerie,

Du Comité central de la fédération,

Du Comité des chefs de légion, et enfin

Du Comité de salut public.

M. Rossel, sachant bien le sort réservé aux généraux de la Commune qui perdent la bataille, termine sa lettre :

« Je me retire et j'ai l'honneur de vous demander une cellule à Mazas. »

Mais grand émoi à la Commune, irritée sans doute de la publicité donnée à cette démission.

D'un autre côté, la Commune, qui avait confié spécialement la *tutelle* du délégué Rossel au Comité de salut public, fait à ce comité une large part dans la responsabilité de la défaite, de ses conséquences immédiates et de celles qu'elle peut encore entraîner. Le citoyen Delescluze l'attaque vigoureusement :

« Le Comité de salut public, dit-il dans la séance d'hier, n'a pas répondu à ce qu'on attendait de lui : il doit disparaître. Sauvons Paris, sauvons l'Europe par la France. »

Là-dessus, comité secret dans lequel on décide :

« Que le Comité de salut public actuel cessera ses fonctions ;

« Qu'il en sera nommé un nouveau ;

« Que le délégué à la guerre sera un délégué civil ;

« Qu'une nouvelle cour martiale sera créée ;

« Que le Comité de salut public siégera en permanence à l'Hôtel de ville. »

Demain, sans doute, nous aurons les décrets, ordres, proclamations et décisions qu'appelle la réorganisation dont les bases viennent ainsi d'être arrêtées.

*

En attendant, voici venir le Comité central de la fédération qui, ainsi que je l'avais prévu, n'entend pas être relégué au second plan, mais, au contraire, ressaisir la direction du mouvement.

Aujourd'hui même il adresse, sur *papier blanc*, une proclamation aux habitants de Paris.

Tous ces conflits l'inquiètent et compromettent son œuvre.

« Le devoir du Comité », c'est lui qui nous le dit, « est de ne point laisser succomber cette révolution du 18 mars qu'il a faite si belle. Il faut qu'elle triomphe ; *elle triomphera.* »

Il mettra fin « aux tiraillements ».

Il fera « cesser les compétitions et saura renverser les obstacles résultant de l'ignorance et de l'incapacité ».

Certes, ce langage n'est point flatteur pour la Commune ni pour ceux qui la servent; mais c'est, à coup sûr, le langage de l'autorité supérieure.

Comme on le voit, la situation se tend et se complique. Que va faire la Commune en présence d'une revendication qu'elle doit considérer comme un outrage?

※

Un garde national disait ce soir dans un groupe :

« Perdre des hommes, ce ne serait rien encore, et Dieu sait ce que nous en avons perdu, mais nous perdons surtout du terrain; notre mouvement de recul, pour être lent, n'en est pas moins réel et se répète tous les jours. »

Du 4 avril, date de la première attaque des fédérés, au 8 mai, date de l'occupation du fort d'Issy par l'armée de Versailles, la défense de ce seul fort et de ses avancées aurait coûté 6,000 hommes à la garde nationale, en tués, blessés et prisonniers.

※

Les journaux renaissent de leurs cendres : *l'Anonyme*, continuant *le Bien public* et *la Paix*, met en vente aujourd'hui son premier numéro. Je l'ai lu, il n'en comptera pas beaucoup d'autres.

※

Hier au soir, à une heure assez avancée, des groupes stationnaient rue de la Paix. Tout en causant ils jetaient un dernier regard de regret sur la colonne. Une escouade de gardes nationaux, la baïonnette au canon, est venue les disperser violemment. L'officier qui la commandait avait le sabre nu. Quelques personnes ayant protesté contre cette manière d'agir, elles ont été mises en état d'arrestation.

Le même fait s'est produit, rue Richelieu, contre des lecteurs imprudents réunis devant le placard relatif au fort d'Issy.

*

Le fort de Vanves a été complétement cerné aujourd'hui par les troupes de l'Assemblée nationale. Toute la nuit, les obus avaient plu sur le fort. Un incendie avait, hier, en partie détruit les casernes.

Dès le matin, le bombardement redoublant, les artilleurs, qui ne pouvaient plus tenir à leurs pièces, durent se réfugier dans les casemates, où le reste de la garnison était déjà.

Le fort devint donc muet et inoffensif.

Les soldats de l'Assemblée attaquèrent alors les tranchées, et forcèrent les avant-postes fédérés à se replier.

Le fort fut donc complétement investi et serré de si près que le canon devenait impuissant. Cependant le bombardement continuait toujours. La garnison était dans la position la plus critique.

Dans la soirée, la Commune a envoyé des renforts considérables de ce côté.

11 mai.

En suite des résolutions de la Commune que j'ai rapportées hier, le nouveau délégué à la guerre est le citoyen Delescluze.

Les nouveaux membres du Comité de salut public sont les citoyens Ranvier, Ant. Arnaud, Gambon, Eudes et Delescluze.

Le citoyen Rossel, remplacé à la guerre, était entré en fonctions le 30 avril.

Les membres du Comité de salut public nommés lors de la création de ce tribunal, le 2 mai, comptaient seulement sept jours d'exercice.

Les membres non renommés sont les citoyens Pyat, Léo Meillet et Ch. Gérardin.

Les hommes s'usent vite à la Commune. Pas encore assez !

*

Le premier Comité de salut public avait inauguré son entrée en fonctions en décrétant la démolition de la chapelle expiatoire élevée à la mémoire de Louis XVI.

Le second ordonne que la maison du chef du gouvernement sera *rasée*.

Voici le texte de cet acte sauvage :

LE COMITÉ DE SALUT PUBLIC.

Vu l'affiche du sieur Thiers, se disant chef du pouvoir de la République française;

Considérant que cette affiche, imprimée à Versailles, a été apposée sur les murs de Paris par les ordres dudit sieur Thiers;

Que, dans ce document, il déclare que son armée ne bombarde pas Paris, tandis que chaque jour des femmes et des enfants sont victimes des projectiles fratricides de Versailles;

Qu'il y est fait un appel à la trahison pour pénétrer dans la place, sentant l'impossibilité absolue de vaincre par les armes l'héroïque population de Paris ;

Arrête :

Art. 1er. — Les biens meubles des propriétés de Thiers seront saisis par les soins de l'administration des domaines.

Art. 2. — La maison de Thiers, située place Georges, sera rasée.

Art. 3. — Les citoyens Fontaine, délégué aux domaines, et J. Andrieu, délégué aux services publics, sont chargés, chacun en ce qui le concerne, de l'exécution immédiate du présent arrêté.

Paris, 21 floréal an 79.

Les membres du Comité de salut public,

Ant. ARNAUD, EUDES, F. GAMBON, G. RANVIER.

On ne proteste pas contre des mesures de cette nature. On les enregistre et on livre ainsi les noms de leurs auteurs à la postérité, qui les flétrira comme les auront flétris leurs contemporains.

*

Il fallait s'y attendre. La Commune a ordonné l'arrestation de l'ex-délégué à la guerre, Rossel, et prescrit qu'il serait traduit devant la cour martiale.

M. Rossel a été arrêté hier, et l'un des membres de la Commune, le citoyen Gérardin, a été préposé à sa garde. Mais à 5 heures du soir on s'aperçoit que le prisonnier et son gardien ont disparu.

Depuis ce moment, le citoyen Bergeret est à la recherche des deux fugitifs.

Je souhaite au général Bergeret, dans ce rôle d'agent de police qu'il a sollicité de la Commune comme une faveur, un succès égal à celui qu'il a obtenu jusqu'ici dans les commandements militaires qu'il a exercés pour le compte de la Commune.

*

Quelques journaux reproduisent aujourd'hui une nouvelle sorte de manifeste de « la Ligue d'union républicaine des droits de Paris » que cette association adresse aux conseils municipaux des départements. Il a pour titre : « Origine et conséquences du mouvement du 18 mars. »

Ce document établit une fois de plus que la ligue n'est rien autre chose qu'un auxiliaire habile de la Commune.

Lorsque le gouvernement, usant de son droit et remplissant son devoir, a empêché le congrès de Bordeaux, il a tout simplement mis obstacle à la réalisation de la fameuse *fédération des Communes* rêvée par les chefs du 18 mars.

*

Un nouvel organe va prêter son concours à la Ligue de l'union. Son titre est *la Discussion*. Le premier numéro était vendu ce soir sur les boulevards.

La Commune continue à être une école mutuelle d'arrestations, avec cette devise : « Arrêtons-nous les uns les autres. »

Malheureusement elle continue aussi à ne pas s'en tenir à ses propres membres, comme on le verra plus loin. Quoi qu'il en soit, elle vient encore d'ordonner l'arrestation d'un des siens, le citoyen Allix, un des élus du huitième arrondissement et son administrateur.

Le citoyen Allix est ce grand savant qui, il y a quelques années, avait inventé les *escargots sympathiques*.

De leur côté, les officiers des 38ᵉ et 72ᵉ bataillons ont arrêté leur colonel, chef du secteur. Pourquoi ? Les allures du chef ne paraissaient pas nettes aux subordonnés : cela suffit.

On a arrêté également M. Chevriau, proviseur du lycée de Vanves. Il est au secret à Mazas.

On annonce encore l'arrestation de M. Floquet, représentant démissionnaire. M. Floquet a été arrêté au moment où il quittait Paris en chemin de fer.

Il était accompagné de sa femme.

Enfin un autre représentant, celui-là non démissionnaire, M. Schœlcher, a été arrêté à Paris, où il avait cru pouvoir venir sans danger.

Républicain éprouvé, M. Schœlcher a été proscrit au 2 décembre. Il n'est rentré en France qu'au lendemain des événements du 4 septembre.

On dit la Commune très-heureuse de cette capture.

Au nombre des perquisitions qui ont eu lieu dans la journée, je note, comme la plus importante, celle qui a été pratiquée dans l'église de Saint-Thomas d'Aquin, respectée jusqu'ici, et celle qui a eu lieu chez M. Gagelin, marchand de nouveautés, 83, rue de Richelieu.

De forts détachements de gardes nationaux en armes, la baïonnette au canon, appuyaient comme toujours ces odieuses expéditions.

12 mai.

Une proclamation du Comité de salut public apprend à Paris que la Commune, et avec elle la République, viennent d'échapper « à un péril mortel ».

Ce n'est point la vaillance de nos soldats qui a amené la reddition du fort d'Issy, mais bien « la trahison du misérable qui l'a livré ».

« L'or de la réaction, nous dit encore en termes emphatiques le prétentieux document, avait trouvé jusque parmi nous des consciences à acheter. »

Mais en même temps les citoyens Ranvier et consorts rassurent la population. « Tous les fils de cette trame ténébreuse sont entre les mains du Comité. »

L'affirmation la plus osée de messieurs du Comité de salut public est cependant celle-ci : « Cette fois encore la victoire reste au droit. »

La sagesse des nations a dit : « Qui aime bien châtie bien. » Ancien journaliste, le citoyen Cournet, délégué aujourd'hui à l'ex-préfecture de police, n'a jamais cessé de protester de son amour ardent pour la liberté de la presse. Aussi nul plus que lui ne met cette maxime en pratique à la moindre incartade d'un journal.

Ce matin encore, par les ordres du citoyen Cournet, une nouvelle tombe s'est ouverte pour six nouvelles victimes frappées sans distinction d'âge ; ce sont : *le Moniteur universel*, *l'Univers*, *le Spectateur*, *l'Étoile* et *l'Anonyme*.

Ni l'âge pourtant respectable du *Moniteur*, parvenu sans encombre et après avoir traversé cinq ou six révolutions, jusqu'à quatre-vingt-deux ans, ni l'extrême jeunesse de *l'Étoile*, qui scintillait depuis sept jours seulement au firmament de la presse, ni les quelques heures de vie du *Spectateur* et de *l'Anonyme* qui avaient à peine entrevu la lumière, n'ont trouvé grâce devant les rigueurs légitimes du citoyen Cournet.

Quant à *l'Univers*, terrassé comme les autres, le vieux lutteur, avant de tomber, avait porté à l'ennemi commun les plus rudes coups.

Pour finir : dans le monde du journal on ne vante pas le courage de *la Patrie*.

※

Tous les jours l'*Officiel* publie de longues listes de

nominations de chirurgiens-majors et aides-majors dans les différents bataillons fédérés.

Il est bien rare que le nom du titulaire soit précédé de la qualification de docteur.

Ainsi aujourd'hui, dans une promotion qui comprend vingt-six noms, dix des promus seulement sont diplômés.

Pauvres blessés !

*

Les exécuteurs des basses-œuvres du Comité sont à l'œuvre; le sac de l'hôtel de M. Thiers a commencé ce matin.

*

Le Comité de salut public vient de faire cerner la Banque par ses bataillons. On dit que notre grand établissement financier serait mis en demeure de verser dix millions dans les caisses de la Commune.

*

C'était le 8 que devait être renversée la colonne, puis aujourd'hui 12. Ce soir, à 6 heures, elle est encore debout. Les groupes sont nombreux dans la rue de la Paix ; j'y recueille le bruit que l'exécution n'aura lieu définitivement que le 15.

13 mai.

Le cours de la justice, naturellement suspendu depuis le 18 mars, va reprendre par ordre de la Commune. Un décret en date de ce jour prélude à son rétablissement par « la création d'une chambre du tribunal civil de la Commune ».

Comme les avoués refusent tout concours aux tribunaux, quels qu'ils soient, du citoyen Protot, le décret ordonne qu'à leur défaut les huissiers *occuperont*, et que les parties pourront se défendre elles-mêmes.

A la suite du décret vient un arrêté du Comité de salut public qui nomme les juges du nouveau tribunal, savoir : deux titulaires et un suppléant. Il sera présidé par un Allemand, le citoyen Vonken.

※

J'ai fait connaître en son temps la résolution de la Commune touchant la création d'une nouvelle cour martiale.

Le Comité de salut public pourvoit également à la nomination des juges de cette cour, naturellement tous *officiers supérieurs* fédérés.

※

La Commune entre dans la période pénible des aveux.

Les mots : élan patriotique, abnégation, héroïsme dans le devoir, jusqu'à la mort, ont fait place dans le langage du nouveau délégué à la guerre à ces déclarations pleines de vérité, que j'emprunte à l'*Officiel* de ce jour :

« Le nombre des artilleurs qui perçoivent *la solde* est *considérable*. Le nombre de ceux qui servent les pièces contre l'ennemi est *excessivement restreint*. »

La revue elle-même devient difficile, impossible. Le « général Delescluze » en ordonne une, cependant. Il veut y voir ses batteries d'artillerie au complet. De là cette menace :

« Tous les artilleurs qui manqueront à cette revue seront privés de *la solde* et *des vivres*. »

*

La Commune vient de constituer un nouveau comité, qui fonctionne sous l'autorité et la responsabilité du Comité de salut public. Il a nom : Comité de vigilance.

Je crois, étant données les fonctions du comité dont relève le nouveau rouage, que le mot *vigilance* détermine mal ses fonctions, et que la dénomination de Comité de *pourvoyeurs* lui conviendrait mieux.

*

A la Commune, on distingue entre la patrie, et la République et la Commune. Elle vient de décider que ce suprême honneur : « Avoir bien mérité de la patrie, » ne pourra plus être décerné. A l'avenir, on aura « bien mérité de la République et de la Commune ».

*

Le *Républicain*, tel est le titre d'un journal dont le

premier numéro paraît aujourd'hui. Cette feuille résume ainsi sa profession de foi :

« Français, nous avons le devoir de parler; Républicains, nous en avons le droit. Nous parlerons donc jusqu'à ce que la Commune ajoute notre tombe à la *via Sacra* des journaux supprimés. »

Le *Républicain* se propose de dire la vérité sur les hommes et sur les choses, et il termine :

« Rude tâche et dangereuse, nous ne nous le dissimulons pas, en l'*an 79, 24 floréal* de la République française », ajoute-t-il ironiquement.

*

La Commune, n'ayant pas trouvé pour ses représentations *patriotiques* le concours qu'elle espérait chez le directeur de l'Opéra, vient de révoquer ce fonctionnaire. Des sentinelles encombrent les abords du théâtre. On dit qu'un mandat d'amener a été lancé contre M. Perrin.

*

M. Glais-Bizoin vien d'être arrêté pour la seconde fois, sur la voie publique, rue de Rivoli.

J'apprends aujourd'hui l'arrestation de M. Andréoli, rédacteur en chef de *l'Observateur*, l'un des *supprimés* d'hier.

*

Le neuvième arrondissement comprend les quartiers de Saint-Georges, de la Chaussée-d'Antin, du faubourg Montmartre et de Rochechouart. Tout cet arrondissement est cerné depuis ce matin par les fédérés, qui arrêtent tous les individus de 19 à 40 ans.

Là où la garde nationale rencontre de la résistance, elle emploie la force. Ce fait s'est produit sous mes yeux, au coin de la Chaussée-d'Antin. La foule, qu'une de ces arrestations avait attirée, était manifestement sympathique au récalcitrant. Mais les protestations sont restées muettes : les fédérés font ces sortes d'expéditions, la baïonnette au canon et le fusil chargé.

*

Dans les rues qui avoisinent le *camp* de la place Vendôme et dans celles qui aboutissent plus ou moins aux barricades, les vitres des devantures et les glaces d'intérieur des magasins se zèbrent depuis quelques jours d'innombrables bandes de papier, en vue de la guerre des rues. La science explique comment les vitres ainsi sillonnées sont préservées du bris qui se produirait par les détonations. Aux environs de la place Vendôme, cette précaution préviendrait également les conséquences de l'ébranlement que ne peut manquer de produire la chute de la colonne.

*

Je voudrais que ces notes fussent la photographie et par conséquent la reproduction fidèle des événements qui marqueront cette triste et douloureuse époque. Je n'y rapporte presque jamais, cependant, les dépêches officielles sur les faits de guerre. La raison, c'est que l'absence de date, souvent de l'indication du lieu, la tardiveté de leur publication, non moins que leur brièveté et leur obscurité, rendent impossible leur application à un engagement quelconque.

Ainsi, aujourd'hui 13, l'*Officiel* enregistre, sans autres renseignements, cette dépêche :

« Montrouge-Bicêtre.

« Positions et situations excellentes ».

A la suite de quoi les positions et situations sont-elles devenues « excellentes » ?

Dans quelle affaire, quel jour et à quelle heure ?

Une autre fois, avec les mêmes soins scrupuleux d'omission de toute donnée permettant d'apprécier, on nous dira :

« Combat d'artillerie très-violent sans résultat. » Ou « positions respectives gardées ».

Le chroniqueur, dans son embarras, ne peut même pas discuter ces actes indiscutables. Manquant de la base essentielle à toute proposition, c'est-à-dire d'un point d'appui, de l'idée ou du fait précis, ils ne peuvent être rattachés à rien et échappent par là même à toute controverse et à toute appréciation.

Cette explication m'a paru utile à donner, pour justifier l'absence dans ces notes des bulletins de guerre de la Commune.

14 mai.

En vertu d'un ordre de la Commune, à partir de « demain 24 floréal », le *Journal officiel* ne sera plus vendu que 5 centimes au lieu de 15.

*

Le Comité de salut public, auquel l'article 3 de son décret organique donne de pleins pouvoirs sur tous les délégués et comités de la Commuue, vient de remplacer à la sûreté générale le citoyen Cournet par le citoyen Ferré.

*

Le Comité de cette même sûreté se voit retirer le citoyen Vermorel, dont la place est prise par le citoyen Émile Clément. Il s'enrichit encore du citoyeu Martin, qui y prend la place du citoyen Ferré.

On ne nous dit pas la cause de ce chassé-croisé de citoyens.

*

Un arrêté du Comité tout-puissant, inséré également à l'*Officiel* de ce jour, crée un commissariat central de police par arrondissement.

Jusqu'ici les commissaires de quartier avaient suffi.

Véritable officine de dénonciations, le cabinet du commissaire central procédera, assisté d'un délégué municipal, aux instructions sommaires qu'exigeront les arrestations opérées dans l'arrondissement. Chaque jour le commissaire central « fera un rapport au délégué à la sûreté ».

Puissent la plus extrême prudence, la plus grande surveillance de lui-même, préserver le Parisien de toute comparution devant ce haut agent de la loi des suspects !

※

La maison de M. Thiers a été démolie aujourd'hui. Le déménagement avait été achevé ce matin. L'Hôtel de ville, le Louvre et les bibliothèques ont reçu une partie des richesses artistiques et littéraires du chef du Pouvoir exécutif.

La mesure et son exécution ont scandalisé tout Paris. Le quartier qu'habite M. Thiers est particulièrement indigné. De forts piquets de fédérés, la baïonnette au canon, occupent l'hôtel, ses abords et les rues adjacentes.

※

Au milieu de ses souffrances, Paris n'a donné qu'une médiocre attention aux conditions du traité de Paris. Cependant plusieurs journaux font ressortir la dureté de certaines de ces conditions. Tous s'accordent à dire que nous devons ce nouveau malheur à la Commune et à son œuvre coupable.

※

On s'entretient à l'Hôtel de ville d'une nouvelle prétendue conspiration contre la Commune. Il s'agirait de 47 gendarmes déguisés en gardes nationaux, découverts à la caserne des Minimes.

※

On annonce la démission du citoyen Beslay de ses fonctions de membre de la Commune. La retraite du doyen de l'Hôtel de ville aurait pour double cause les perquisitions faites à la Banque et l'exécution du décret relatif à la démolition de l'hôtel du chef du Pouvoir exécutif.

※

Deux nouveaux journaux ont vu le jour, ce sont : *le Régime constitutionnel, politique et social* et *le Corsaire.*

La première de ces feuilles demande « l'organisation du suffrage universel », et semble devoir adopter la politique de distinction dans la représentation entre les villes et les campagnes, politique récemment développée à la tribune par M. Edgar Quinet.

L'autre est une feuille à 5 centimes, qui paraît animée d'excellentes intentions.

※

Au milieu des témoignages de sympathie dont la presse nouvelle apporte son tribut à la famille de M. Thiers, je donne avec empressement dans ces notes une place à celui-ci :

« L'hôtel de M. Thiers n'existe plus. M. Thiers et Mlle Dosne, sa sœur, ne retrouveront plus la maison où leur vie s'est écoulée, où leur mère, cette noble et intelligente femme, a rendu le dernier soupir. Elles trouveront en échange les respectueuses sympathies de tous les honnêtes gens. Si dans la douleur quelque chose peut les consoler, c'est d'être en si grande compagnie. Comment ceux qui violent les temples où l'on prie, où l'on apprend à aimer et à soulager nos semblables, respecteraient-ils le foyer de la famille? »

*

L'*Univers* vient de donner à ses confrères un exemple qui sera suivi.

L'arrêté qui le supprime ayant paru seulement dans l'*Officiel* et ne lui ayant pas été notifié régulièrement, la vaillante feuille continue sa publication.

*

Le journal qui a le plus d'autorité à la Commune est cette feuille immonde qui a nom *le Père Duchêne*. Toute la presse remarque que les conseils donnés par *le Père Duchêne* à la Commune sont presque toujours, le lendemain ou le surlendemain, convertis en décrets. Pour citer le fait le plus récent, le 12, avant-veille de ce jour 14, où le citoyen Ferré remplace à la sûreté générale le citoyen Cournet, avait paru dans cet ignoble journal une mise en demeure à la Commune d'avoir à retirer à Cournet des fonctions à la hauteur desquelles il n'était point, révolutionnairement parlant.

Je veux espérer que sa proposition d'aujourd'hui aura moins de succès.

En d'autres temps, et n'était l'immorale influence à laquelle je viens de faire allusion, je n'aurais certes point eu à demander pardon aux lecteurs de placer sous leurs yeux un extrait de cette feuille.

« Vous craignez, dit-elle aux membres de la Commune, pour votre tête ?

« Et qu'est-ce que cela me fait, votre tête ?

« Fusillez !

« Guillotinez !

« Et que la Révolution soit sauvée !

« La terreur alors, dira-t-on ? Oui, la terreur ! Imbéciles que vous êtes ! Qui veut la fin veut les moyens, et il suffisait de 500 têtes pour sauver 500,000 âmes ! »

Et il conclut en demandant l'exécution immédiate de M. Schœlcher.

15 mai.

L'heure approche où, d'extérieure, la défense insurrectionnelle sera exclusivement intérieure. On ne se fait plus d'illusions à la Commune.

Un arrêté publié ce matin à l'*Officiel* nous en apporte la preuve.

L'armée de la Commune est divisée aujourd'hui en trois grands commandements, dits : de l'aile droite, du centre et de l'aile gauche : aux termes de cet arrêté, chacun des généraux placés à la tête de ces corps d'armée aura, en outre, le commandement militaire supérieur des arrondissements de Paris qui confinent à sa zone militaire.

Il n'est pas inutile de rappeler que les trois grands commandements en question sont confiés aux Polonais Dombrowski et Wroblowski et à l'Italien La Cécilia.

*

Plagiaire, tantôt inoffensif, tantôt criminel, tantôt ridicule, mais plagiaire toujours, la Commune vient de faire revivre la carte civique de 93. Un arrêté du Comité de salut public prescrit à chaque citoyen de se munir de cette carte. Elle ne peut être obtenue du commissaire de police que sur pièces justificatives et la signature de deux témoins. L'article 2 du décret révolutionnaire dispose que : « Tout citoyen trouvé non porteur de sa carte sera arrêté. » Aux termes de l'article 5, « tout garde national peut requérir l'exhibition de la carte d'identité ».

Paris subira-t-il cette nouvelle humiliation ?

Les journaux du soir donnent le conseil de s'y soustraire en ne tenant aucun compte du décret.

*

Le 2 avril, le journal de la Commune publiait en tête de ses colonnes le décret suivant :

« La Commune : considérant que dans une République réellement démocratique il ne peut y avoir ni sinécure ni exagération de traitement ;

« Décrète :

« Le maximum de traitement des employés aux divers services communaux est fixé à 6,000 fr. par an. »

Quelques-uns, paraît-il, avaient interprété et pensaient que ce décret s'appliquait seulement aux services de la ville. Le lendemain, 3 avril, le même journal insérait dans sa partie officielle la note suivante, destinée à faire cesser tout malentendu :

« Dans la séance du 1er avril, la Commune a décidé que le maximum de traitement affecté aux divers services communaux serait de 6,000 fr. par an.

« Par services communaux, il faut entendre tous les services publics, civils et militaires. »

Le 8 avril, la Commission exécutive : « Considérant que les grades de généraux sont incompatibles avec l'organisation de la garde nationale,

« Arrête :

« Le grade de général est supprimé. »

Le 13 avril, à 5 jours de là :

« La délégation des finances et la délégation de la guerre,

« Arrêtent :

« La solde des officiers de la garde nationale est fixée ainsi qu'il suit :

« Général en chef, 500 fr. par mois.

« Général en second, 450 fr. par mois, etc.... »

Aujourd'hui 15 mai, arrêté du délégué civil à la guerre, portant :

« La solde du personnel d'artillerie est établie selon le tarif suivant :

« Un général, directeur général, par jour, 33 fr.

« Un colonel, sous-directeur, par jour, 23 fr., etc. »

Ces citations se passent de commentaires.

Non-seulement on perd de vue, le 15 mai, comme on l'a oublié au lendemain de sa promulgation, le décret qui probibe l'appellation de *général*, mais et surtout on ne se souvient plus de ce considérant plein de désintéressement financier du 2 avril : que, dans une République réellement démocratique, tout traitement supérieur à 6,000 fr. constitue un traitement exagéré.

En effet, avec une solde de 33 fr. par jour le « général, directeur général » du personnel de l'artillerie recevra par an 11,880 fr., soit le double du maximum déterminé le 2 avril.

Décidément les gros traitements, les honneurs et les titres, ne comptent pas tant de détracteurs à la Commune qu'on avait pu le croire tout d'abord.

※

Le Temps a fait aujourd'hui sa réapparition dans les kiosques et sur les boulevards. Il s'appelle le *Bulletin du jour*.

※

L'évacuation du fort de Vanves, que faisaient pressentir toutes les informations des derniers jours, est à l'heure actuelle un fait accompli. Une partie de la garnison avait cherché à fuir par les Catacombes. Elle a failli périr dans les méandres de ce labyrinthe, où, par un hasard providentiel, se sont rencontrés quelques ouvriers carriers sans lesquels, après s'être égarée, cette troupe serait morte de faim. C'est une navrante odyssée, que racontent d'ailleurs avec la satisfaction d'avoir échappé au péril les malheureux fédérés des 105e, 187e et 262e bataillons, qui formaient la garnison du fort.

La circulation est maintenant interdite par les portes du sud. A Vaugirard, les balles de chassepots arrivent en grand nombre. Il en arrive aussi du côté du bois de Boulogne, ce qui prouve que les soldats de l'Assemblée sont très-rapprochés de l'enceinte.

L'enceinte du Point-du-Jour, à Passy, est devenue intenable pour les fédérés. A Auteuil, une large brèche est faite dans les fortifications.

16 mai.

On annonçait depuis quelques jours que le journal officiel de l'émeute subirait des modifications de format, et que notamment le mot Commune prendrait place dans le titre. Le numéro de ce jour porte au-dessus du titre et en gros caractères la devise Liberté, Égalité, Fraternité. La date est exprimée à gauche au moyen du calendrier révolutionnaire et ainsi : « 26 floréal an 79 ».

A droite, l'*Officiel* conserve l'usage du calendrier grégorien. Le titre est resté le même : *Journal officiel de la République française;* quant aux actes insérés dans le corps de la feuille, il est fait usage, en général, pour leurs dates, du calendrier républicain.

*

Les circonstances s'aggravent et le péril devient de plus en plus menaçant pour la Commune. La défense sollicite de sa part d'incessants efforts.

Un arrêté du Comité de salut public dissout ce matin la Commission militaire et porte le nombre de ses membres de cinq à sept.

Voici la composition de la nouvelle commission : les citoyens Bergeret, Cournet, Geresme, Ledroit, Lonclas, Sicard et Urbain.

L'ancienne commission, qui a perdu la confiance du Comité de salut public, était composée des citoyens Arnold, Avrial, Johannard, Tridon et Varlin.

*

Suivent des décrets de la même autorité nommant des juges d'instruction, des juges de paix et un substitut du procureur de la Commune.

*

Le citoyen Gaillard père a, paraît-il, un caractère peu maniable; Cluseret s'en plaignait. Ingénieur et directeur en chef des travaux des barricades, le père Gaillard entendait les établir là où il les jugeait utiles, et ne suivre en rien les ordres, conseils ou avis du délégué à la guerre. Persistant dans son attitude sous son nouveau chef militaire-civil, celui-ci a invité le barricadier en chef à donner sa démission. Le journal enregistre aujourd'hui dans la partie officielle et annonce que « le bataillon de barricadiers » est mis à la disposition « du directeur du génie militaire ».

*

Vient ensuite un arrêté qui, après avoir disposé du mobilier volé chez M. Thiers et prescrit la vente des matériaux provenant de la démolition de l'hôtel, ordonne « que sur le terrain de l'hôtel du parricide sera établi un square public ».

Cette décision, nous apprend l'auteur de l'arrêté, est rendue : « en réponse aux larmes et aux menaces de Thiers le bombardeur, et aux lois édictées par l'Assemblée rurale sa complice ».

Le haut fonctionnaire qui libelle en ce style les actes du pouvoir digne d'une pareille collaboration a nom Fontaine et prend le titre de directeur général des domaines.

*

Dans une note que la Commune publie à la suite de son adhésion à la convention de Genève, elle déclare que cette adhésion « n'a pas pour résultat de proscrire l'usage des nouveaux engins de guerre dont dispose la Commune ». Elle se réserve donc de recourir dans la lutte « aux forces terribles que la science met au service de la Révolution ».

Qui donc repousse l'emploi de ces moyens de destruction réprouvés par l'Europe entière au congrès international de Saint-Pétersbourg, et que la Commune revendique seule? Qui les repousse? La note nous édifie encore sur ce point. Ce sont : « les despotes couronnés qui vivent de la guerre et qui savent trop bien que la guerre deviendrait à jamais impossible par l'emploi des moyens modernes pour ne pas s'interdire religieusement l'usage de ces moyens ».

※

M. Paschal Grousset, délégué de la Commune aux relations extérieures, occupe là des fonctions qui lui laissent de grands loisirs. Il en profite aujourd'hui pour adresser un pressant appel à l'intervention armée des grandes villes de France. En voici quelques extraits :

« Paris, dit-il, a fait un pacte avec la mort. Derrière ses forts, il a ses murs; derrière ses murs, ses barricades; derrière ses barricades, ses maisons, qu'il faudrait lui arracher une à une, et qu'il ferait sauter, au besoin, plutôt que de se rendre à merci....... »

.... « Grandes villes, le temps n'est plus aux manifestes; le temps est aux actes quand la parole est au canon.

« Assez de sympathies platoniques : vous avez des

fusils et des munitions : Aux armes ! Debout les villes de France !....... »

Ce langage déclamatoire aura auprès de nos grandes villes le succès qu'ont obtenu les communications de M. Paschal Grousset aux puissances étrangères, lorsque dans un jour de démence il osa notifier à l'Europe l'avénement de la Commune de Paris.

*

La création du Comité de salut public avait soulevé quelque opposition au sein de la Commune. Une scission paraissait imminente. Elle a éclaté à la suite d'une séance dans laquelle a été interprété le fameux article 3 du décret constitutif du Comité. Le Comité a obtenu, en effet, que les pleins pouvoirs qui lui sont conférés comporteraient jusqu'au droit de révoquer les commissions et les délégations, quelles qu'elles fussent, et de pourvoir à la nomination des nouveaux titulaires.

Les dissidents publient aujourd'hui dans les feuilles communalistes une Déclaration. Ils voient dans le Comité de salut public une autorité appelée à se substituer, dans une grande mesure, à la Commune elle-même ; une véritable dictature absorbant avec tous les pouvoirs toutes les responsabilités, et ils protestent. Ils déclarent que, désireux d'éviter de nouveaux déchirements au sein de la Commune, ils se retirent dans leurs arrondissements pour ne plus reparaître à l'Assemblée de l'Hôtel-de-Ville que le jour où la Commune se constituerait en cour de justice pour juger un de ses membres. Les signataires du manifeste sont au nombre de vingt-deux.

Ces notes tiendront le lecteur au courant de ce grave incident.

Le Comité central fédéral de la garde nationale se range, paraît-il, du côté de la majorité.

*

Non moins libéral que son devancier, le nouveau délégué à l'ex-préfecture de police vient de sacrifier six nouveaux journaux sur l'autel de la Commune. Les victimes du 16 mai sont : *le Siècle, la Discussion, le National, l'Avenir national, le Corsaire, le Journal de Paris.*

Dans ce nombre, un vétéran, *le Siècle*, 36 ans d'âge; deux nouveau-nés, *la Discussion, le Corsaire.*

Ce soir même reparaissaient *le Journal de Paris*, sous le titre *l'Écho de Paris; la Discussion*, sous le titre *la Politique.*

*

Les magasins, boutiques, cafés même continuent à se fermer, et ils ont raison à tous les points de vue.

La cause réelle est pourtant dissimulée sous cette allégation affichée sur les devantures : « Fermé pour cause de réparations. »

*

Ce soir, à 5 heures et demie, l'inepte décret de la

Commune a reçu son exécution. La colonne de la place Vendôme gît à l'heure actuelle sur le sol.

L'Officiel de demain nous dira sans nul doute qu'elle est tombée aux acclamations de la foule. Il ne dira pas vrai; j'ai assisté à cette exécution. Je ne voulais pas voir et je n'ai pas vu. Mais je voulais pouvoir affirmer le sentiment de la masse. La garde nationale seule a applaudi. La population est restée calme, et aucun cri n'a été proféré. Ce silence était un blâme, et ce n'étaient point des bonapartistes qui l'infligeaient, mais d'honnêtes gens indignés ; on n'efface pas l'histoire en abattant un monument. La démolition de la chapelle expiatoire effacera-t-elle le crime du 21 janvier?

*

La lutte se poursuit sur tous les points entre l'armée et les fédérés.

Au sud, les efforts des batteries versaillaises se concentrent maintenant sur le fort de Montrouge dont la prise paraît imminente.

A l'ouest, de continuels engagements à la suite desquels les troupes régulières s'affermissent dans leurs succès des derniers jours et s'en préparent d'autres.

Un nouvel étranger militaire fait son entrée en scène. C'est le commandant Grejorok, qui est chargé de diriger le feu des batteries des buttes Montmartre. On le dit Russe. Quelle que soit sa nationalité, il n'a pas été heureux pour ses débuts. Ayant à battre le château de Bécon et la plaine de Gennevilliers, il a mis hors de combat une trentaine de fédérés des bataillons d'avant-postes.

N'a reçu aucune félicitation.

17 mai.

Le *Journal officiel* de ce matin nous apporte encore un vieux souvenir conventionnel. Un arrêté du Comité de salut public flanque chacun des trois commandants de l'armée fédérée d'un commissaire civil.

La raison qu'en donne cet arrêté, c'est « que, pour sauvegarder les intérêts de la révolution, il est indispensable d'associer l'élément civil à l'élément militaire. »

En conséquence, le citoyen Dereure est adjoint au général Dombrowski; le citoyen Johannard, au général La Cécilia, et le citoyen Léo Meillet, au général Vroblewski.

*

Le Comité de salut public a décidé ce soir, 27 floréal an 79, que « l'administration et la direction des lignes télégraphiques passent dans les attributions du ministère de la guerre ».

*

Un autre arrêté, portant la même date et émanant de la même autorité, ordonne qu'à l'avenir « tous les trains se dirigeant sur Paris devront s'arrêter hors de l'enceinte au point où est établi le dernier poste avancé de la garde nationale. Cette limite ne pourra être dépassée qu'après que le train aura été *visité* par un commissaire de police délégué à cet effet ».

Étant donné le régime sous lequel nous vivons, cette visite n'a rien qui surprenne, et jusque-là tout est bien. Mais ce qui est plus grave, c'est la disposition suivante ; je la reproduis textuellement :

« Article 3. Les travaux nécessaires seront immédiatement exécutés à la hauteur de l'enceinte, pour être en mesure de détruire instantanément tout train qui essayerait de forcer la consigne. »

Ainsi, un oubli du chef de train, un ordre mal compris, un signal mal fait, et le train saute. C'est tout simplement abominable. La seule conception d'une mesure semblable est un crime.

*

Une note insérée à l'*Officiel* convoque pour aujourd'hui à 2 heures les membres de la Commune en séance. La note annonce que « l'appel nominal sera fait et publié à l'*Officiel* ». C'est à la fois une menace et une mise en demeure adressées à la minorité dissidente. Comment va-t-elle y répondre ?

*

La Commune commet, dans l'*Officiel* de ce jour, le mensonge que je prévoyais hier au sujet de la chute de la Colonne.

A propos d'acclamations, le hasard qui m'a rendu bien des fois d'ailleurs témoin du même fait me faisait assister ce soir, sur le boulevard Montmartre, à la rentrée des 77e et 88e bataillons fédérés, retour des remparts. L'un des drapeaux était troué d'une balle; plusieurs des fanions en étaient criblés. Pas un cri, pas un vivat ne saluait cette troupe harassée, noire de poudre, et dont les étendards attestaient qu'elle avait vu le feu de près. Une autre preuve, celle-là douloureuse, suivait; c'étaient les fourgons portant les armes et les sacs de ceux qui ne devaient plus revenir! D'où vient donc ce silence glacial sur le passage de ces hommes? C'est qu'ils ne combattent pas le bon combat; c'est que la cause pour laquelle, égarés et trompés, ils versent leur sang, a dès longtemps déshonoré les chefs de cette cause et que quelque chose de ce déshonneur retombe sur les soldats.

*

Je me livrais à ces réflexions et je plaignais ces malheureux lorsqu'une formidable détonation se fait entendre. J'étais alors à la hauteur de la rue Richelieu. On croit à la chute de quelques projectiles énormes envoyés on ne sait d'où et tombés non loin de là. Tout le monde court en regardant le sol; rien. Tout à coup on aperçoit un nuage à la fois rose, gris, noir et blanc, d'une épaisseur, d'une intensité incroyables. Je n'ai de ma vie rien vu de plus idéalement beau. Il paraît s'élever au-dessus de la place Vendôme. On se précipite dans cette direction. On croit à l'explosion d'une poudrière qui existe, dit-on, dans les caves de l'état-major. On ne tarde pas à apprendre qu'il n'en est rien et que c'est la cartoucherie établie à l'extrémité de l'avenue Rapp, près du Champ-de-Mars, qui vient de sauter.

Je me dirige de ce côté.

En arrivant à la place de la Concorde, je recueille de premiers renseignements. Des blessés, des femmes en grand nombre, qui se sont trouvées mal, sont ramenés.

Dès la rue Saint-Dominique à son entrée sur l'esplanade des Invalides, les vitres sont cassées. Arrivé à l'avenue Bosquet, je ramasse quelques balles, elles sont déformées ; à proximité du Champ-de-Mars, pas une maison n'a été épargnée, toutes les constructons ont plus ou moins souffert. Au Champ-de-Mars même, près du lieu du sinistre, la destruction est entière : il ne reste rien des baraquements. Ceux de mes lecteurs qui ont visité l'Exposition de 1867 se rappelleront une vaste construction, sorte de cité, où trouvaient à se loger à bas prix les délégations diverses, les orphéons, etc. Elle a complétement disparu. Au Champ-de-Mars et dans les avenues et rues adjacentes on marche littéralement sur les balles et le verre pilé. Tout le quartier offre l'aspect le plus désolé. On parle de 50 à 60 morts, et d'un beaucoup plus grand nombre de blessés. Heureusement, dit-on, les ouvriers et ouvrières avaient abandonné le travail au moment où l'explosion a eu lieu. Il était 5 heures et demie.

On ignore la cause de cet épouvantable malheur. L'établissement renfermait des projectiles de toute nature, et notamment cinq millions de cartouches environ.

L'ébranlement s'est fait sentir terrible, non-seulement dans le voisinage du Champ-de-Mars, mais encore dans un rayon d'un kilomètre et demi.

Les gens couraient affolés, et les animaux domestiques, pris de vertige, les imitaient.

*

Le tragique événement que je viens de raconter allait me faire perdre de vue une discussion à laquelle j'assistais peu auparavant dans un cercle politique où le fédéré n'est naturellement pas admis.

Je résume les appréciations qui peuvent s'en dégager et que j'ai déjà entendu se formuler.

On ne murmure pas contre les retards apportés à la délivrance de la cité. C'est maintenant la conviction générale que le rétablissement de l'ordre, la réoccupation de Paris par le gouvernement et l'armée, ont été préparés par le pouvoir avec une intelligence qui défie tout échec.

Aujourd'hui, en effet, non-seulement ces 45 jours de combats partiels, incessants, ont détruit la plus grande partie de la Commune, mais ce qui en reste est découragé, démoralisé. Je ne dis pas que l'armée de Versailles entrant dans Paris n'y rencontrera pas encore une certaine résistance; mais ce que j'affirme, c'est que tout autre eût été cette résistance il y a un mois, il y a 3 semaines, il y a 15 jours même. La victoire alors eût été achetée chèrement.

La Commune, de son côté, mettant au service de ses détestables doctrines politico-socialistes une autorité sans limite, a donné à Paris et à la France la mesure du bien-être que réservait au pays le triomphe de l'insurrection du 18 mars. La Commune compte désormais dans toutes les classes, au bout de ces deux mois d'exercice de la toute-puissance, autant d'ennemis que d'honnêtes gens. Beaucoup parmi ces derniers voulaient qu'on essayât. On a essayé, ils ont vu.

Donc on ne récrimine pas contre les retards apportés à notre délivrance. Mais ce qu'on blâme, c'est la proclamation prématurée du chef du Pouvoir exécutif. Ces sortes d'actes, dit-on, de mise en demeure, ne doivent se produire qu'au moment suprême et décisif. Celle du 7 mai ne devait précéder que de 24 heures l'entrée des troupes dans Paris. C'est à ce document, ajoute-t-on, qu'on doit les mesures de plus en plus violentes qui ont suivi. Surexcitée, pressée, à partir de la proclamation du gouvernement, la Commune semble justifier cette devise qu'un journal a justement trouvée pour elle : « Faire le plus de mal possible dans le moins de temps possible. »

*

Des traîtres et de la trahison, la Commune en voit partout.

Un journal sérieux rapporte ces paroles de deux membres de la Commune, MM. Miot et Ranvier, prononcées publiquement hier devant l'Hôtel-de-Ville, au milieu de nombreux groupes. M. Miot disait :

« Jusqu'ici notre colère ne s'est exercée que sur des choses matérielles, mais le jour approche où les représailles seront terribles et atteindront cette réaction infâme qui nous nuit et cherche à nous écraser. »

Plus significatif encore, M. Ranvier, l'un des membras les plus considérables du Comité de salut public, ajoutait : « **La colonne Vendôme, la maison de M. Thiers, la chapelle expiatoire**, ne sont que des exécutions matérielles; mais le tour des traîtres et des royalistes viendra inévitablement si la Commune y est forcée. »

#

Le citoyen colonel Brunel commandait à Issy lorsque des mains des fédérés le fort est passé aux mains des Versaillais. Dans un long rapport adressé au délégué à la guerre, cet officier supérieur, qui est en même temps membre de la Commune, cherche à expliquer comment la chute de cette place forte est due à l'incapacité de ses prédécesseurs. Lorsque le commandement lui en a été confié, il était trop tard, le mal était irréparable. Il termine en demandant sa mise en état d'arrestation. La demande a été gracieusement accueillie, et le citoyen Brunel est écroué à la prison militaire du Cherche-Midi.

17 MAI.

Est moins volontairement incarcéré un autre membre de la Commune, le citoyen Clément. Le citoyen Clément serait un ancien agent de la police secrète.

*

Encore une nouvelle feuille. Elle s'appelle *la Constitution*. C'est en lui faisant un reproche que je dirai tout le bien que j'en pense. Je lui reproche de se vendre 15 centimes.

*

Quant à la guerre, on signale l'envoi, hier au soir, d'un bataillon de fédérés sous les ordres d'un capitaine d'état-major au lycée de Vanves pour tenter d'en déloger les troupes. Mais les soldats de l'Assemblée avaient eu le temps de se retrancher et de mettre des mitrailleuses en batterie. Les fédérés, reçus par une pluie de mitraille, ont dû se retirer laissant leur capitaine et une centaine d'hommes au pouvoir de l'armée.

Dans le bois de Boulogne, un combat a lieu aux environs du pavillon d'Armenonville. Les chasseurs à pied ont d'abord eu l'avantage, puis ils ont été repoussés; puis, à leur tour, les fédérés ont dû battre en retraite jusqu'aux remparts.

Le feu des batteries versaillaises s'est beaucoup rapproché hier du côté de Clichy. Les obus arrivent en grand nombre à Montmartre. Il en est tombé jusqu'à la place Saint-Pierre, cette nuit; il y a eu des blessés et des morts. Depuis le point du jour jusqu'à 9 heures on a battu le rappel dans les quartiers environnants.

18 mai.

Comme il fallait s'y attendre, la Commune, par l'organe de son Comité de salut public, accuse le gouvernement de Versailles d'avoir fait mettre le feu à la cartoucherie de l'avenue Rapp. C'est en ces termes qu'il formule cette odieuse accusation :

« Le gouvernement de Versailles vient de se souiller d'un nouveau crime, le plus épouvantable et le plus lâche de tous.

« Ses agents ont mis le feu à la cartoucherie de l'avenue Rapp et provoqué une explosion effroyable.

« On évalue à plus de cent le nombre des victimes. Des femmes, un enfant à la mamelle, ont été mis en lambeaux.

« Quatre des coupables sont entre les mains de la Sûreté générale. »

Le gouvernement de la France ne saurait être atteint par cette monstrueuse calomnie, émanât-elle du Comité de salut public, et personne ne songera dans la presse à la relever.

Il m'a cependant paru plaisant d'interroger les organes du pouvoir insurrectionnel lui-même sur l'accusation portée contre le gouvernement.

Il en est un qui est révolutionnaire entre tous, c'est la *Commune*.

Voici en quels termes ce journal répond à la déclaration du Comité de salut public.

Je demande grâce au lecteur pour la forme, et, comment dirai-je? la force de l'expression. Cette littérature, dont il va avoir un échantillon sous les yeux, est la seule cultivée dans la presse communale.

Je copie donc :

« Trahison au Moulin-Saquet, trahison au fort d'Issy, trahison à la cartoucherie de l'avenue Rapp, trahison partout!

« Il n'y a ici d'autres trahisons que l'ineptie, l'imbécillité des polissons et des drôles qui ont mis la main sur les services publics dont ils ne connaissaient pas le premier mot. Entre leurs mains, sûreté générale est devenue guet-apens, et salut public doit s'appeler abandon ou négligence des plus élémentaires garanties. »

*

Les proclamations se succèdent et se ressemblent. Après celle du Comité central fédéral, après celle du citoyen Paschal Grousset, devait venir et est venue celle du Comité de salut public à la garde nationale de Paris. Elle couvre ce matin nos murs.

Le Comité affirme dans ce document qu'en poursuivant l'œuvre entreprise le 18 mars, la garde nationale assure le triomphe de Paris. Or Paris triomphant, c'est la fin de la « lutte soutenue en France depuis 80 ans contre le *vieux monde*. Paris triomphant, ce sont les campagnes *élevées à la notion de leurs droits.* »

Mais la démoralisation, le découragement s'emparent des bataillons. Il y a là un danger. Le sentiment du droit et de la vérité menace de reprendre son empire. Cette situation, dont la Commune a de plus en plus conscience, inspire au Comité cette péroraison sur laquelle il compte pour ranimer le zèle de ses valeureux soldats. Les exaltant à combattre, il ajoute donc :

« Si au contraire vous *hésitiez*, ou si vous reculiez, ce serait Paris livré aux vengeances féroces des sicaires de Versailles et noyé dans des flots de sang, ce serait la dévastation et le carnage dans toutes les rues... »

*

La partie officielle du journal de la Commune publie un ordre du jour du colonel de la 8ᵉ légion portant que les gardes nationaux de 19 à 40 ans qui n'auront pas rejoint immédiatement leur casernement seront arrêtés et déférés à la Cour martiale. Le gracieux ordre ajoute : « La peine encourue est la peine de mort. »

Puis, comme on sait que ces sortes d'arrestations répugnent aux gardes nationaux agissant dans les arrondissements auxquels ils appartiennent, le chef de légion a pris ses précautions et prévient les réfractaires (c'est ainsi qu'on persiste à appeler ceux qui ne veulent pas faire feu sur des compatriotes, parmi lesquels peuvent se trouver leurs fils, leurs frères, leurs parents) que « trois bataillons étrangers à l'arrondissement sont mis à la disposition de la légion pour faire exécuter cet ordre ».

*

J'annonçais hier la réunion de la Commune qui devait se tenir dans la journée. J'en ai le compte rendu sous les yeux. J'ai dit, dans une des journées précédentes, que presque toujours les mesures conseillées par le *Père Duchêne* avaient l'honneur de la discussion au sein de la Commune, et que souvent elles étaient converties en décrets.

« Fusillez, guillotinez, » disait *le Père Duchêne*, le 14 mai.

Or, dans la séance d'hier, le citoyen Urbain, appuyant sa proposition sur un prétendu assassinat d'une cantinière des bataillons fédérés commis par nos soldats, demande à la Commune que dix des otages détenus soient fusillés dans les vingt-quatre heures. Je n'analyse pas, je transcris le compte rendu.

« Je demande, dit-il, soit à la Commune, soit au Comité de salut public, de décider que dix des otages que nous tenons en mains soient fusillés dans les vingt-quatre heures, en représaille du meurtre de la cantinière assassinée et de notre parlementaire accueilli par la fusillade au mépris du droit des gens. Je demande que cinq de ces otages soient fusillés solennellement à l'intérieur de Paris, devant une délégation de tous les bataillons, et que les cinq autres soient fusillés aux avant-postes, devant les gardes témoins de l'assassinat. J'espère que ma proposition sera acceptée. »

Cette proposition reçoit, en ces termes, l'adhésion du citoyen Rigault, procureur de la Commune :

« Je suis d'avis de répondre aux assassinats des Versaillais de la manière la plus énergique, en frappant les coupables et non les premiers venus. »

La discussion s'engage et aboutit à cet ordre du jour :

« La Commune, s'en référant à son décret du 7 avril 1871, en demande la mise à exécution *immédiate* et passe à l'ordre du jour. »

Le décret auquel il est fait allusion, je l'ai reproduit en son temps. J'en demande pardon au procès-verbal de la séance de la Commune, il n'est point du 7, mais du 6 avril. Or, lorsque le décret sur les otages a été rendu, les mesures dignes des Peaux-rouges qu'il édictait ont soulevé une telle répulsion qu'il est resté lettre morte. Ce qu'on n'a point osé le 6 avril, on l'ose le 18 mai, et, en effet, le *Journal officiel* contient une note du parquet qui convoque pour demain, vendredi, les deux premières sections du jury d'accusation.

*

Le surplus de la séance a été consacré à l'examen du conflit qui avait partagé la Commune en deux camps. Les dissidents ont fait leur soumission. Ils ne se sont plus souvenus de leur fière et hautaine déclaration. Obéissant à l'ordre et cédant à la menace de la majorité, ils se sont rendus à la séance. La paix semblait donc être signée, quand le délégué aux relations extérieures, le citoyen Paschal Grousset, prend la parole. Il ne pense pas qu'on puisse pardonner sans avertir sérieusement et réserver l'avenir; au surplus, « si les citoyens membres de la minorité, a-t-il dit, au lieu de tenir loyalement leur promesse essayaient des manœuvres de nature à compromettre le salut de la Commune qu'ils désertent, nous saurions les *atteindre* et les *frapper*. »

En présence de ces paroles menaçantes, le citoyen Vallès, quelque peu terrifié, s'est empressé de demander la parole pour déclarer qu'on n'avait point à redouter la désertion de l'œuvre commune, que ce que la minorité voulait avec la majorité, c'était « la plus parfaite harmonie ». Il conclut en demandant la discussion du manifeste lui-même, afin d'approfondir dans ses causes la division qui y a donné lieu.

A ce moment, le débat qui tout à l'heure paraissait devoir se clore continue, nous dit le *Journal officiel*, en en renvoyant à demain la publication.

※

Un des journaux de récente création fait de la situation actuelle une peinture qui, si la vérité la dépasse encore, n'en est pas moins saisissante, et m'a paru devoir être notée. Cet article, dont voici un extrait, est intitulé : « Les dernières journées. »

> Elles sont lugubres et pleines de sang et de ruines, lugubres, honteuses, misérables. Avant-hier nos maîtres sablaient le champagne devant ce qui fut la Colonne. Hier, c'était l'explosion terrible d'une cartoucherie, une trombe de feu, un épouvantement, la mort partout, la pluie de balles, le tressaillement des maisons. La ville entière semblait prête à suivre les ruines ordonnées; du fantastique et de l'horrible.
>
> A la même heure (que les sceptiques rient du rapprochement, s'ils l'osent, quand ils seront seuls en eux-mêmes), à la même heure, des gardes nationaux cernaient et fouillaient l'église Notre-Dame-des-Victoires ; ce sanctuaire où toutes les mères, toutes les épouses, toutes les sœurs ont prié pour la gloire du pays et le retour de l'être aimé, cette humble église où, pendant des années, un vieillard, respecté des plus incrédules, a passé faisant le bien, et quel bien ! était souillée à son tour, et le soir on y devait tenir un club.
>
> Quand finira ce cauchemar sinistre ? Quand ces fantômes sanguinaires se tairont-ils ? Cruels, impuissants, pasticheurs, il leur manque l'échafaud, ils ont la nostalgie de la guillotine. Miot l'a dit, et Ranvier l'a accentué : les têtes après les maisons, les traîtres après la Colonne.

S'indignant des injures et des insultes que les hommes de la Commune et leurs organes vomissent tous les jours contre les honnêtes gens de tous les partis, ennemis naturels des saturnales de l'Hôtel-de-Ville, contre les écrivains courageux qui combattent les doctrines criminelles qui y sont publiquement professées, l'auteur de cet article continue et conclut :

> Faites-nous taire, si vous le pouvez; tuez-nous, si vous

l'osez; mais pas d'insultes, cela est lâche, quand on est comme vous si bien gardés.

Tuez, si vous trouvez votre parodie incomplète; si, au ridicule des cartes de civisme, des enrôlements forcés, des arrêts de trains, des fouilles sur les personnes, des démolitions décrétées, vous voulez joindre l'odieux du sang; tuez, mais n'oubliez pas que tous ceux que vous insultez en les appelant traîtres et espions vous ont défendus naguère, et que vous les trouviez alors assez purs pour leur aller demander service.

19 mai.

Jusqu'ici la suppression des journaux avait été prononcée par nos délégués successifs à la Préfecture de police. Le Comité de salut public revendique pour lui désormais la besogne. Un arrêté inséré à l'*Officiel*, ce matin, en supprime neuf d'un coup. Cet arrêté mérite une reproduction intégrale.

LE COMITÉ DE SALUT PUBLIC

Arrête:

Art. 1er. — Les journaux *la Commune*, *l'Écho de Paris*, *l'Indépendance française*, *l'Avenir national*, *la Patrie*, *le Pirate*, *le Républicain*, *la Revue des Deux-Mondes* et *la Justice*, sont et demeurent supprimés.

Art. 2. — Aucun nouveau journal ou écrit périodique ne pourra paraître avant la fin de la guerre.

Art. 3. — Tous les articles devront être signés par leurs auteurs.

Art. 4. — Les attaques contre la République et la Commune seront déférées à la Cour martiale.

Art. 5. — Les imprimeurs contrevenants seront poursuivis comme complices, et leurs presses mises sous scellés.

Art. 6. — Le présent arrêté sera immédiatement signifié aux journaux supprimés par les soins du citoyen Le Moussu, commissaire civil, délégué à cet effet.

Art. 7. — La Sûreté générale est chargée de veiller à l'exécution du présent arrêté.

Hôtel-de-Ville, le 28 floréal an 79.

Le Comité de salut public,

Ant. ARNAUD, BILLIORAY, E. EUDES, F. GAMBON, RANVIER.

A aucune époque, sous aucun régime, la presse n'a été traitée avec la rigueur qu'innove, pour la plus grande gloire de la Commune, le Comité de salut public.

Les lois de 1835, le décret du 17 février 1852 lui-même, garantissaient à la presse une juridiction régulière. C'est à un tribunal d'exception, à un tribunal révolutionnaire au premier chef, à une cour martiale en un mot, que la Commune, elle, défère les délits et les contraventions en matière de presse.

On sait de quelle peine le décret du 6 avril punit toute personne soupçonnée de complicité avec Versailles. Les dispositions bienveillantes de la Commune et de ses émanations diverses envers le journalisme ne permettent pas le doute. Dans tout article qui lui sera soumis, la Cour martiale trouvera et constatera la trace de cette complicité. Donc la mort pour l'auteur de l'article.

Je ne plains pas les supprimés d'aujourd'hui, je les félicite au contraire, et je me réjouis de l'impuissance où les met l'article 2 de l'arrêté du « 29 floréal an 79 » de s'exposer à des poursuites redoutables que le courage de la plupart d'entre eux eût certainement bravées.

*

Dans quelques arrondissements l'exécution des ordres de la Commune rencontre une certaine résistance pour la substitution de l'enseignement laïque à l'enseignement religieux. Les populations, froissées dans leur foi, dans leur conscience, dans leurs convictions et dans leurs intérêts, secondent mal « la délégation de l'enseignement ».

La Commune a décidé qu'elle vaincrait cette résistance. Elle vient d'ordonner que dans les quarante-huit heures il sera dressé un état des écoles tenues par des congréganistes en violation de ses ordres, et que les noms des membres de la Commune délégués aux municipalités où « persiste un si scandaleux état de choses seront publiés à l'*Officiel* ».

*

Si j'en crois le numéro du *Journal officiel* de l'Hôtel-de-Ville de ce jour, les fonctions de juges, c'est de ce nom qu'on ose nommer ces complices de la Commune, les fonctions de juges, dis-je, à la Cour martiale ne seront pas une sinécure.

Après les écrivains qu'ils auront à condamner toujours, bien entendu, voici venir, par ordre du délégué aux finances, les voleurs galonnés. « La solde de la garde nationale, dit le citoyen Jourde, donne lieu à de scandaleux abus. » Il prescrit, en conséquence, une enquête pour établir les détournements commis par les officiers payeurs, lesquels « seront déférés à la cour martiale et jugés avec toute la rigueur des lois militaires ».

*

« Des officiers de tout rang et des citoyens », nous dit à son tour le Comité de salut public, sous le prétexte que « telles ou telles signatures des membres de la Commune ne figurent pas au bas de nos ordres », en refusent l'exécution. Avis qu'à l'avenir un refus de cette nature entraînera le renvoi immédiat du coupable devant la cour martiale, sous l'inculpation de haute trahison.

*

Le *Journal officiel* nous donne, en outre, la fin de la séance de la Commune, du 17 mai. Après une vive discussion dans laquelle les reproches les plus sévères ne sont pas épargnés à la minorité signataire du manifeste qu'on sait, un ordre du jour du citoyen Miot est adopté.

Aux termes de cet ordre du jour, la majorité « oublie la conduite des membres de la minorité qui déclarent retirer leur signature du manifeste, blâme ce dernier ». Aucune protestation sérieuse ne se produit, et l'incident, qui par sa nature et dans une assemblée vraiment politique eût pris les proportions que commandaient les principes invoqués, a été définitivement clos.

La séance se termine par une série de propositions plus révolutionnaires, plus anti-sociales, en un mot plus communeuses les unes que les autres.

Je n'en citerai que quelques-unes :

Bouleversant d'un mot toute la sage économie de notre Code civil, reniant les lois divines, morales et humaines, le citoyen Vésinier demande : 1° que l'égalité de droits entre les enfants reconnus et les enfants légitimes soit proclamée. Toute distinction dans les appellations est supprimée; il n'y a plus que des enfants légitimes;

2° Que les enfants naturels non reconnus deviennent les enfants de la Commune, qui, elle, les reconnaît pour siens et les légitime;

3° Que, quant au mariage, le jeune homme à dix-huit ans et la jeune fille à seize, ou, pour parler le langage de la Commune elle-même, le citoyen âgé de dix-huit ans et la citoyenne âgée de seize ans peuvent se présenter devant le magistrat municipal; là, lui déclarent qu'ils veulent s'unir par les liens du mariage, et les voilà mariés.

Plus de consentement des parents, plus de publications préalables, rien. Tout cela appartient au « *vieux monde* » qui, on le sait, doit disparaître.

Vient ensuite le citoyen Jacques Durand. La liberté (qui jamais eût pensé qu'on pût réglementer celle-là?) de déménager lui paraît présenter un péril tel pour l'ordre social qu'il sollicite de la Commune un décret portant « qu'à l'avenir nul déménagement n'aura lieu qu'après avoir été surveillé à l'emballage par un douanier ou tout autre agent de la Commune ». Le procès-verbal de la séance ne dit pas qu'à la lecture de ces propositions on ait ri dans la salle.

Attendons-nous donc à voir incessamment ces inepties transformées en lois de la Commune.

*

Jusqu'ici on avait, aux gares, visité seulement les bagages et fouillé quelquefois les hommes; on avait laissé aux femmes à peu près toute liberté de circulation. Depuis hier elles sont fouillées. De vilaines mégères à la voix de rogomme, au langage qu'on peut supposer, aux vêtements sordides, portant la guenille rouge en sautoir, sont préposées à ce nouveau service.

*

A côté de ces humiliations imposées à nos femmes et à nos filles se placent les injures aux hommes dans les rues. Discrètes au début, les apostrophes des fédérés vont, depuis un mois, s'accentuant chaque jour davantage. Ce soir, à 6 heures, quelques-uns de mes amis et moi sommes salués, sur la place de la Concorde, par un groupe de communeux qui y stationne, des plus grossières épithètes. Ma plume ne peut en retracer aucune, mais elle peut reproduire, à la condition de la dégager du cadre dans lequel l'ont enveloppée ses auteurs, celle de : « pourvoyeurs de Cayenne ».

La canonnade est formidable depuis hier, Paris est véritablement dans un cercle de feu. L'action est engagée sur toute la ligne et se rapproche évidemment des remparts. Les projectiles tombent dans Paris plus avant et plus nombreux.

Et la Commune continue à affirmer ses succès.

Pourquoi ne le dirais-je pas? Paris est heureux de cette affirmation, et on va voir comment.

Le colonel des fédérés, Mathieu, commande en chef à la porte Maillot. Cet officier supérieur, dans son commandement, compte autant de victoires que de sorties. Il n'en est pas une où il ne fasse, au bois de Boulogne ou ailleurs, mordre la poussière à plusieurs milliers de Versaillais. Sa dernière dépêche, expédiée après une de ces sorties décisives à la suite de laquelle les Versaillais ont été chassés de leurs tranchées à moitié détruites, se termine ainsi : « Tant que je serai à la porte Maillot, vous pouvez être assurés que jamais l'ennemi n'entrera. »

Or Bergeret ne parlait pas mieux lorsque, le 6 avril, la veille du jour où notre brave armée devait occuper sans coup férir les principales parties de l'importante position de Neuilly, il écrivait à la Commission exécutive de la guerre ainsi que j'ai déjà eu l'occasion de le rappeler :

« Quant à Neuilly, cet objectif de nos adversaires, je l'ai formidablement fortifié, et je défie à toute une armée de l'assaillir. »

Ainsi, d'une part, l'intensité du combat, si rapproché de nous que l'action semble se passer dans nos murs mêmes; d'autre part, les bulletins de victoire de l'insurrection de plus en plus triomphants, tout porte à croire que l'heure solennelle de la délivrance est proche.

20 mai.

J'avertis mes lecteurs que nous changeons de mois. Nous passons aujourd'hui « du 29 floréal au 1ᵉʳ prairial ».

Donc, un décret de la Commune, en date de ce jour, 1ᵉʳ prairial :

> Considérant que, par son instinct de justice et de moralité, le peuple a toujours proclamé cette maxime : Mort aux voleurs,
> Ordonne que tous les fonctionnaires ou fournisseurs accusés de vols seront traduits devant la Cour martiale, et que, reconnus coupables, la seule peine qui leur sera appliquée sera la peine de mort.

J'approuve; mais la logique veut que la Commune se hâte de revendiquer pour elle-même les bénéfices de ce décret. Chacun des jours de son existence détestée n'a-t-il pas été marqué par un vol? Après le vol du pouvoir, n'est-ce pas à pleines mains que ses membres pêchaient dans les caisses publiques, dans celles des administrations privées, dans celles des particuliers, pillant, dévastant partout? N'est-ce pas souvent pour faire les ténèbres sur vos déprédations, que vous emprisonnez ceux dont les demeures vous promettaient un riche butin ? Vous osez trop, membres de la Commune, en signant le décret du « 1ᵉʳ prairial ». Vous oubliez trop le proverbe : « Il ne faut jamais parler de corde dans la maison d'un pendu. »

*

Un décret du même jour crée « un journal ayant pour titre *Bulletin des lois* », destiné à l'insertion de tous les actes officiels de la Commune. Ce recueil sera hebdomadaire.

*

Le mouvement du 18 mars a pour beaucoup une double paternité : une paternité publique, avouée : le Comité central de la fédération de la garde nationale : une paternité occulte, non avouée : l'Internationale. Pour moi, je l'ai déjà indiqué et j'y insiste, l'insurrection est l'œuvre exclusive de la redoutable association. Elle n'a point voulu y engager, y compromettre ostensiblement son nom. Il lui importait, en Angleterre, en Prusse, en Autriche, en Espagne, en Belgique, partout en un mot où elle compte des centres importants, de ne point attirer sur elle l'attention des gouvernements.

Avouer l'initiative du 18 mars à Paris, c'était ouvrir les yeux à ces gouvernements ; c'était les mettre en garde contre les entreprises qui menacent leur sécurité dans l'avenir, comme elles attentent aujourd'hui à celle de la France. Habile autant que prudente, l'Internationale ne l'a point fait, et elle a pris un masque.

Simple mandataire de la garde nationale, le Comité se serait effacé au lendemain du 26 mars, au lendemain de la constitution de la Commune, qui avait été jusque-là le prétexte de son mandat. Délégation de la formidable association, il ne pouvait pas, il ne voulait pas se désintéresser. Il n'a donc jamais abdiqué, et, pour être moins apparent, son pouvoir et son influence n'en sont pas moins prépondérants.

Nous les avons vus se manifester toutes les fois qu'un conflit, une scission, un désaccord quelconque menaçait de se produire au sein de la Commune, ou entre elle et ses délégués, aux différents services.

Cluseret et Rossel ont rencontré le Comité sur leur chemin, et ils ont été brisés.

Aujourd'hui la Commune est menacée de dislocation; la minorité, une minorité considérable, est sur le point de faire défection; le Comité de salut public est discuté; le délégué à la guerre ne sait plus de qui il dépend. En un mot, l'édifice craque de toutes parts, la situation est périlleuse.

Qui la sauvera?

Le prétendu Comité central de la garde nationale, auquel je restitue son véritable nom : le Comité de l'Internationale?

Voici la proclamation qu'il a fait afficher ce matin sur les murs de Paris, imprimée sur papier blanc et que reproduit le *Journal officiel* :

FÉDÉRATION RÉPUBLICAINE DE LA GARDE NATIONALE.

COMITÉ CENTRAL.

Au peuple de Paris,

A la garde nationale.

Des bruits de dissidence entre la majorité de la Commune et le Comité central ont été répandus par nos ennemis communs avec une persistance qu'il faut, une fois pour toutes, réduire à néant par une sorte de pacte public.

Le Comité central, préposé par le Comité de salut public à l'administration de la guerre, entre en fonctions à partir de ce jour.

Lui, qui a porté le drapeau de la révolution communale, n'a ni changé ni dégénéré. Il est à cette heure ce qu'il était hier : le défenseur né de la Commune, la force qui se met entre ses mains, l'ennemi armé de la guerre civile, la sentinelle mise par le peuple auprès des droits qu'il s'est conquis.

Au nom donc de la Commune et du Comité central qui signe ce pacte de la bonne foi, que les soupçons et les calomnies inconscientes disparaissent, que les cœurs battent, que les bras s'arment, et que la grande cause sociale pour laquelle nous combattons tous triomphe dans l'union et la fraternité.

Vive la République! vive la Commune! vive la Fédération communale!

Paris, 19 mai 1871.

La Commission de la Commune:

BERGERET, CHAMPY, GÉRESME, LEDROIT, LONCLAS, URBAIN.

Le Comité central:

MOREAU, PIAT, LACORRE, GEOFFROY, GOUHIER, PRUDHOMME, GAUDIER, FABRE, TIERSONNIER, BONNEFOY, LACORD, TOURNOIS, BAROND, ROUSSEAU, LAROQUE, MARÉCHAL, BISSON, OUSELOT, BRIN, MARCEAU, LÉVÊQUE, CHONTEAU, AVOINE fils, NAVARRE, HUSSON, LAGARDE, AUDOYNAUD, HANSER, SOUDRY, LAVALLETTE, CHATEAU, VALATS, PATRIS, FOUGERET, MILLET, BOULLENGER, BOUIT, DUCAMP, GRELIER, DREVET.

On le voit, plus puissant que jamais, et préoccupé avant tout « de la grande cause nationale qui doit triompher, il prend en mains » la direction de la défense, et c'est sous sa souveraine autorité qu'est placé le délégué à la guerre.

※

Le jury spécial, institué pour prononcer sur la question de savoir si telles et telles personnes arrêtées et emprisonnées par ordre de la Commune doivent être considérées comme *otages*, a fonctionné hier et aujourd'hui.

12 sous-officiers de la garde républicaine ou de la gendarmerie et de simples gendarmes ont été déclarés *otages*.

Une fois la qualité d'otage reconnue à un prisonnier de la Commune, par le jury d'accusation, il est compris dans la catégorie de ceux contre lesquels la Commune peut user de représailles, c'est-à-dire le faire fusiller, sans autre forme de procès, aux termes de l'article 5 du décret du 6 avril.

Devant ce tribunal étrange, la défense n'est pas admise.

C'est dans un langage cynique que le moderne Fouquier-Tinville de la Commune, le citoyen Rigault, a demandé aux prétendus jurés un verdict affirmatif. « Les faits sont palpables, établis, dit-il; ces hommes ont fait partie de la garde de Paris, il n'y a donc pas de défense à entendre. »

Et le jury a condamné !

Pas de défense à entendre ! Ces paroles ont pu retentir sous les voûtes d'un palais où se rend d'ordinaire la justice française !

*

Une nouvelle qui fait grand bruit ce soir sur les boulevards et qui prend une certaine consistance est celle-ci (c'est encore de l'intervention prussienne qu'il s'agit) :

Une clause tenue secrète du traité de Francfort réglerait ainsi cette intervention :

A la date de demain 21, le gouvernement de Versailles mettrait en demeure la Commune d'avoir à déposer les armes dans les 48 heures. Ce délai écoulé, l'assaut serait donné. Si le succès suivait, la Prusse continuerait à demeurer étrangère à nos affaires. Dans le cas contraire, l'armée allemande, forte de plus de 150,000 hommes, unirait son action à la nôtre et occuperait Paris, après la reddition, pendant le temps nécessaire pour soumettre au pays un plébiscite réglant les destinées futures de la France.

Je considère à l'heure actuelle cette nouvelle comme une simple nouvelle à *sensation*.

L'ensemble des renseignements qui parviennent ici sur la savante organisation des forces nationales à Versailles, les progrès qu'a faits et que fait chaque jour l'armée d'investissement sous nos murs, le désarroi où est tombée la Commune dont les bataillons sont partout las, découragés, démoralisés, désabusés, tout permet d'espérer que l'Assemblée nationale suffira seule à la douloureuse tâche de rétablir l'ordre, et que, si tant est qu'elle existe, la clause secrète en question demeurera sans application.

*

Le *Journal officiel* de la Commune ne saurait manquer de donner une fraternelle hospitalité aux savantes discussions auxquelles se livrent ici ou là les membres de l'Internationale.

La feuille de la Commune publie aujourd'hui le compte-rendu d'un meeting de cette association, tenu en Belgique le 15 de ce mois.

Tous les orateurs exaltent à l'envi la conduite de la Commune de Paris, et le lecteur ne s'en étonnera pas.

L'un d'eux définit la Commune rêvée par l'association, et arrive comme conclusion à cet exposé de doctrines. Nous aurons, dit-il :

« L'enseignement intégral, non pas cet enseignement qui empoisonne les jeunes intelligences et leur apprend l'obéissance aux autorités, dans l'espoir d'une récompense future; non, nous sommes matérialistes, et, comme nous voulons l'affranchissement du ventre, nous voulons l'affranchissement de l'intelligence. Et c'est cette instruction qui fera la plus grande guerre à la propagation des cultes. Pour que le prolétariat rentre dans le droit commun, il faut attaquer la société dans ses bases, couper l'arbre dans sa racine.

« La terre, qui de *droit naturel* nous *appartient comme les rayons du soleil*, cette terre doit entrer dans un mode de propriété qui sera exploité uniquement par le travailleur et à son bénéfice exclusif. »

Ainsi, voilà qui est convenu : « La terre et les rayons du soleil » sont la propriété exclusive du prolétaire.

Est-ce assez de folies !

Ces turpitudes constituent le fond du programme des hommes qui ont fait le 18 mars.

*

On annonce que Cluseret comparaîtra demain dimanche devant la Commune, formée en Cour de justice pour juger l'ancien délégué à la guerre.

*

Les arrestations et les perquisitions sont désormais confiées à une compagnie dite des *Vengeurs de Flourens*.

Cette compagnie est recrutée parmi les plus mauvais drôles, entre tous, des bataillons de la Commune.

Chaque homme porte un sifflet en métal, utilisé la nuit pour les ralliements et les avertissements dans les expéditions nocturnes.

*

Le cercle de fer et de feu qui nous étreint se resserre de jour en jour, d'heure en heure on pourrait dire. Toute la nuit la fusillade, la canonnade, les mitrailleuses, n'ont pas cessé un instant de se faire entendre.

Le *Bulletin du jour*, qui a paru ce soir à 4 heures, donne les nouvelles suivantes :

2 heures. — A une heure une boîte à mitraille a éclaté à Plaisance, dans Paris, près du passage Saint-Victor, à 150 mètres de la Chaussée-du-Maine. Aussitôt les obus, les boulets se sont abattus sur le bastion 93, sur le grenier à fourrage.

La fusillade a éclaté, et toutes les batteries de Versailles, sur tous les versants, sur toutes les crêtes, se sont couvertes de flammes et de fumée. Les bastions font feu. L'engagement est sur toute la ligne.

Sur vingt points clair-semés, la fusillade éclate à Vanves, à Malakoff, à Issy, au Point-du-Jour, au Pont de la Vallée, sur le chemin de fer de Clamart, au bois de Boulogne. Le Mont-Valérien fait face à toutes les batteries de la Commune.

Montretout est en feu. Littéralement l'atmosphère se remplit de fumée. Les balles de rempart nous forcent à quitter notre belvédère. Les voitures d'ambulance arrivent de tous côtés et marchent de conserve avec les prolonges pleines d'obus et de munitions.

On paraît craindre que les Versaillais ne forcent les portes dans la soirée. Les troupes arrivent tout en armes et s'avancent au pas de course vers le rempart.

21 mai.

La partie officielle du journal de la Commune, en date de ce jour « 2 prairial an 79 », ne renferme aucun acte qui mérite une mention particulière en dehors de l'avis suivant :

Les habitants de Paris sont invités *de* se rendre à leur domicile, sous *quarante-huit heures;* passé ce délai, leurs titres de rente et le grand-livre seront brûlés.

Pour le Comité central,
Signé : GRELIER.

Il est difficile de voir dans cet avis autre chose que ce qui y est formellement dit : on brûlera le Grand Livre. Mais, et ceux qui n'ont pas quitté Paris ?

La signature apposée au bas de cette menace n'appartient ni à un membre de la Commune, ni à un délégué aux finances, ni à un membre du Comité de salut public, mais à un membre du Comité central.

*

La partie non officielle de la feuille de l'Hôtel de ville s'ouvre par neuf rapports militaires, dont pas un ne porte de signature.

Comme toujours, leurs auteurs anonymes s'y congratulent et s'y félicitent à l'envi de leurs succès croissants. Mais par malheur l'absence de dates et d'heures précises, ainsi que j'ai déjà eu à le dire, ne permet ni de contrôler ces rapports, ni de les rapprocher des renseignements recueillis à des sources dignes de foi.

Je demande cependant au lecteur la permission de placer exceptionnellement sous ses yeux, à titre de spécimen, la série des rapports victorieux en question.

Je respecte en les copiant jusqu'à la disposition typographique de la feuille officielle.

Il va de soi que je ne me crois pas dispensé par

cette reproduction de ma note quotidienne sur les opérations de guerre, qui termine généralement ce bulletin de chaque jour. Le lecteur me reprocherait, si je m'en tenais aux rapports de la Commune, d'avoir voulu faire l'obscurité où il cherche la lumière.

Voici ces rapports :

RAPPORTS MILITAIRES.

Gentilly.

Heureuse reconnaissance poussée jusqu'à Choisy-le-Roi, Orly et Thiais.

Bicêtre, 9 heures du soir.

Versaillais installent une batterie à mi-côte de Bagneux, mais les projectiles n'arrivent pas jusqu'à nous.

Le fort et les Hautes-Bruyères ouvrent le feu et ne tardent pas à réduire les batteries ennemies.

De minuit à deux heures du matin, l'ennemi s'est avancé jusque dans le cimetière de Bagneux ; nos fédérés les ont repoussés jusqu'à leurs anciennes positions.

Montrouge.

Nos positions ont été attaquées plusieurs fois ; toutes les attaques ont été repoussées victorieusement.

Le général La Cécilia a fait fusiller un espion pris en flagrant délit.

Attaque très-violente de l'ennemi contre les Hautes-Bruyères, barricades de Villejuif et Moulin-Saquet.

D'après renseignements sûrs, l'ennemi y a laissé une centaine de cadavres ; de notre côté, pertes insignifiantes.

Bicêtre et Hautes-Bruyères ont appuyé de leurs feux la poursuite de l'ennemi.

Neuilly, Auteuil.

Succès importants.

Fusillade intermittente.

Nos artilleurs sont pleins d'entrain, et l'esprit des troupes en général est excellent.

Neuilly.

Tout va bien. Les batteries de nos barricades font éprouver des pertes sérieuses aux Versaillais.

Minuit. Reprise des hostilités jusqu'à six heures du matin; avantage aux fédérés.

Après-midi. Nos bastions tirent de temps à autre et font cesser le feu ennemi.

Montmartre, Saint-Ouen.

Tire de temps en temps sur la redoute de Gennevilliers, ainsi que les bastions. La *Joséphine* tire sur Bécon, qui ne répond pas.

Asnières.

Forte canonnade; nous éteignons le feu de plusieurs pièces des batteries de Bécon.

Montmartre continue son tir avec de bons résultats.

Le bombardement d'Auteuil, Passy et du Point-du-Jour continue; de nombreux obus sont dirigés sur le Trocadéro.

Des femmes et des enfants sont tués et blessés; que leur sang retombe sur nos misérables ennemis!

Asnières, soirée du 19.

Versaillais ont tenté une attaque; au bout d'une heure, leur feu a été complétement éteint.

Nuit. Convoi d'artillerie se dirigeant sur Gennevilliers dispersé par les batteries de Clichy.

Matinée, 9 heures. Feu très-violent du côté de l'ennemi, éteint par nos batteries.

Midi, Petit-Vanves.

Les garibaldiens ont mis en fuite les ruraux.

Nous avons encore eu l'avantage du côté de Clamart.

Un journal du soir, *la Constitution,* annonce que la Prusse aurait notifié à la Commune qu'elle cesse sa neutralité et reprend sa liberté d'action.

*

Depuis le 18 mars, les adhérents et les journaux de l'Hôtel-de-Ville entassent calomnies sur calomnies à l'occasion de fouilles faites dans des églises par les forcenés aux gages du pouvoir sans nom qui terrorise Paris. A la suite de ces fouilles, la présence d'ossements humains est venue attester un fait qui n'a jamais eu besoin de l'être. Qui ne sait qu'à une autre époque de nombreuses inhumations avaient lieu dans les caveaux et les cryptes des édifices consacrés au culte? Qui ne sait qu'exceptionnellement et depuis 89 cette sépulture privilégiée, méritée par de saints prêtres, a encore été autorisée par les divers gouvernements qui se sont succédé?

La Commune, exploitant ces constatations qui n'ont étonné personne, persiste à faire dire et répéter que les inhumations en question cachent des crimes. Et c'est bien haut qu'elle proclame « qu'une enquête est ouverte, que l'autorité judiciaire est saisie, etc.... ».

Dans sa démence, un de ces chercheurs de tombes va plus loin. Il raconte aux crédules lecteurs de feuilles prêtrophobes qu'il a reçu des victimes elles-mêmes la confidence des circonstances du crime qui les a couchées dans la tombe.

Avant-hier 19, en effet, tout Paris pouvait lire sur

es murs, imprimée sur papier blanc et par ordre de la unicipalité du 2ᵉ arrondissement, la relation des prédus crimes commis dans l'église Saint-Laurent.

Après avoir minutieusement décrit les souterrains émoins de ces meurtres imaginaires, classé et compté s victimes, l'auteur de ces recherches les interroge. lles lui répondent!

Le lecteur me croira-t-il?

J'en doute, et pourtant c'est un document officiel ue je copie. Il appartient désormais à la triste hisoire de ces tristes jours.

« . . . . . Nos liens nous paralysaient; seule, notre ète peut se tordre sous la terre encore molle ; nous ssayâmes d'aspirer le peu d'air ambiant provenant 'un escalier et d'un soupirail; c'est pourquoi toutes os têtes sont tournées vers ces issues, cherchant à oire le peu d'air s'infiltrant entre les interstices de la erre. »

Si leurs intentions n'étaient pas aussi manifestement riminelles, et si les résultats que se proposent les mi-·érables qui osent écrire de pareilles choses n'étaient as ceux qu'ils en attendent, ce serait simplement)ouffon.

Quoi qu'il en soit, le journal *la Constitution* publie aujourd'hui à ce sujet un article qui fait justice de ces perfides inepties.

Malheureusement il ne sera pas lu par ceux-là seuls qui ont besoin d'être éclairés. Que dis-je? il ne sera pas lu par ceux qui ont besoin d'être éclairés? Mais j'allais me faire illusion. Cet article tombât-il sous leurs yeux, qu'ils ne croiraient point à la vérité et persisteraient dans leur erreur sous ce rapport comme sous tant d'autres. L'infaillible Commune n'a-t-elle pas parlé?

Voici l'article de *la Constitution*. Il a pour titre :

LES ÉROSTRATES MODERNES.

Les fouilles dans les diverses églises de Paris sont continuées sur une grande échelle par les démolisseurs de la Commune. Alléchés par quelques tombes trouvées à Saint-Laurent, et dont les corps avaient appartenu, à ce qu'il paraît, à des émules des Robert-Houdin de l'époque, puisqu'ils ont pu écrire, après décès, le genre de leur mort; nos déterreurs de cadavres croient devoir faire maintenant de Paris une véritable ville pompéienne.

Il faut les voir, chaque fois que leur fusil, retentissant sur les dalles, éveille un son pouvant donner l'indice d'un caveau souterrain. Aussitôt le marteau fait sauter la pierre, et alors ce sont des transports d'allégresse et des élans de joie indicibles. On dirait une troupe de corbeaux respirant l'odeur des charniers après une grande bataille.

Mais, Commune, ma mie, quoi de plus simple que de voir des caveaux sous les dalles des sanctuaires? Si vos janissaires parisiens n'avaient pas tous renié Dieu, et s'ils connaissaient un peu mieux l'histoire et les usages de l'Église, ils sauraient que, chaque fois qu'un prêtre s'est honoré dans sa paroisse par ses vertus, qu'il a été juste, secourable, bienfaisant, et qu'il a passé sur la terre en faisant le bien, *bene faciendo*, il est l'objet de la vénération des fidèles, et ses paroissiens lui font creuser une tombe sous les dalles mêmes du lieu saint. C'est là sa colonne de bronze à lui, à ce soldat pacifique, dont les travaux et les actes ne sont pas moins glorieux que ceux dont le souvenir est marqué par des arcs de triomphe.

La tombe que l'on a trouvée ces jours derniers dans l'église Notre-Dame-des-Victoires, et dont l'affiche de la Commune a fait tant de fracas, n'est autre que celle de ce bon et vénérable curé Desgenettes, mort à l'âge de 90 ans, et qui était l'objet de la vénération de toute sa paroisse. Jamais une main suppliante ne s'était tendue devant lui sans qu'il y versât une abondante aumône. Il était le père de ses ouailles, le consolateur des affligés, et, certes, ce n'est pas lui à qui on aurait pu prêter des idées de luxe et de confort. Le moindre ouvrier de la Villette, qui trouble aujourd'hui son funèbre sommeil, n'aurait pas voulu habiter sa chambre aux parois simples et modestes.

N'aurions-nous donc plus désormais le repos de la tombe, et faut-il être poursuivi même dans les champs de la mort, parce qu'on a tenu en main la croix qui console, au lieu du chassepot qui détruit? La Commune, qui avait hier à l'église des Petits-Pères près de cinq cents gardes nationaux, les uns mollement étendus sur le maître-autel, les autres habillant la statue de la Vierge en cantinière; brûlant des cierges et des parfums pour mieux accomplir leur travail sombre et inodore de croque-mort; la Commune, disons-nous, ferait mieux d'envoyer ses hommes renforcer les bataillons placés aux avant-postes, s'ils veulent, comme ils le désirent et le prétendent, triompher des Versaillais.

Jusqu'ici, nous ne voyons chez eux qu'une chose, la parodie et le plagiat pour les actes les plus tristes du vandalisme.

ÉROSTRATE, n'ayant aucun moyen de jeter quelque éclat sur son nom, incendia jadis ce beau temple d'Éphèse qui était une des sept merveilles du monde. On dirait que ces destructeurs de temples et de colonnes ambitionnent une pareille immortalité.

Le journal *le Mot d'ordre* n'a pas paru ce matin. On assure que M. Rochefort, qui a quitté Paris hier au soir, aurait été arrêté à Meaux.

On affirme que la Commune aurait fait mettre en état d'arrestation les vénérables pères Dominicains d'Arcueil-Cachan.

※

Hier au soir encore le bruit courait que l'armée de Versailles aurait franchi les remparts à la porte Dauphine sur laquelle, comme on sait, débouche l'avenue Uhrich, ancienne avenue de l'Impératrice. Ce bruit persiste aujourd'hui.

Ce qui est vrai, c'est que le canon et la fusillade se sont encore rapprochés depuis hier. Il n'y a plus aucun intervalle entre les coups, de si peu de durée qu'on veuille le supposer. Le bruit est formidable, continu, et chacun peut croire que l'action se passe dans la rue voisine.

Il est 4 heures, on affirme qu'une grande bataille a lieu au sud, et le bombardement s'étend sur toute l'enceinte. Les obus et les balles pleuvent comme jamais dans le rayon des fortifications.

Toucherions-nous au moment décisif?

Ce qui précède le ferait croire.

Ce qui semblerait le confirmer, c'est que tous les journaux de la Commune proclament plus haut que jamais les succès des fédérés.

J'achetais il y a moins d'une heure, sur la place de la Concorde, *le Salut public* qui venait de paraître et que le crieur disait rendre compte d'une « grande victoire remportée le jour même par la Commune sur les Versaillais ».

Sous le titre : « Dernière heure, » la feuille rouge publie, en effet, la nouvelle suivante :

Matinée du 21 mai. — Nouvelle victoire de Dombrowski sur les Versaillais.

La soirée et le commencement de la nuit ont été du plus grand calme ; à peine entendons-nous un coup de canon de loin en loin.

Mais à une heure du matin les Versaillais font une fausse attaque vers Auteuil. La fusillade et la canonnade les accueillent et nos bataillons font bonne contenance. A deux heures, la véritable attaque avait lieu sur la Muette et la porte Maillot. La lutte a été acharnée, car les Versaillais étaient plus nombreux que jamais. Mais le vieux Mac-Mahon a dû céder le terrain au jeune Dombrowski, dont la bravoure et la sagesse sont égales à son bonheur.

Pendant cette attaque les batteries de Montretout, du Mont-Valérien, de Courbevoie, de Puteaux, de Neuilly, et une batterie volante dans l'île de la Grande-Jatte soutenaient les Versaillais. Les fédérés n'avaient que l'artillerie de nos bastions depuis Clichy jusqu'à Auteuil avec les batteries de la Muette, qui ont pris une large part au combat, auxquelles il faut ajouter douze mortiers et pièces à longue portée placées à l'Arc-de-Triomphe de l'Étoile.

On s'imagine l'immense fracas produit par ces décharges incessantes d'artillerie ; mais la fusillade et les mitrailleuses ont été encore plus meurtrières que les obus.

Dans une de leurs attaques, les Versaillais se précipitent vers les remparts et se croient sur le point de pénétrer dans Paris. A l'instant, *dix-sept mitrailleuses* partent à la fois, et plus de trois mille Versaillais roulent dans la poussière, morts ou blessés. Nous l'avons déjà dit plusieurs fois, avec des mitrailleuses nos fédérés seront invincibles.

A 4 heures et demie, le feu des Versaillais se ralentit; le canon cesse, et nos mitrailleuses seules les accompagnent dans leur retraite. La canonnade reprend alors son cours habituel.

A 6 heures, nous voyons le général Dombrowski arriver place Vendôme, paraissant fort satisfait de cette journée si bien commencée.

*

Il fait un temps splendide. La foule est nombreuse sur la grande place, et chacun achète l'odieuse feuille qui est bientôt dans toutes les mains : la dépêche, avidement lue, satisfait tout le monde. C'est un trop rare privilège des actes de la Commune et même de tous les actes de tous les gouvernements en général pour ne pas mériter un mot d'une facile explication. Les *communeux* sont satisfaits parce qu'ils croient à la nouvelle; les *Versaillais*, parce qu'ils croient le contraire de ce qu'elle annonce.

Il est 5 heures. Je me dirige de la Concorde au boulevard : l'impression produite est la même.

Vers 6 heures, le bruit se répand tout à coup que quelques détachements de l'armée auraient franchi l'enceinte. Mais plusieurs versions circulent sur le point où se serait porté l'effort des troupes régulières. Toutefois, comme on savait la porte d'Auteuil ou plutôt tout le mur d'enceinte qui s'étend du pont-viaduc à la porte Maillot presque complétement écroulé, la version qui prévaut est celle qui assigne ce point comme celui qui aurait été forcé, il y aurait de cela moins de 2 heures, c'est-à-dire un peu plus de temps qu'il n'en fallait pour que la nouvelle en arrivât au boulevard.

Le service des estafettes de la Commune, toujours si actif, le devient davantage encore ; c'est surtout entre la place Vendôme et l'Hôtel-de-Ville qu'on les voit se multiplier. La rue de Rivoli en est littéralement sillonnée. Ce n'est plus au galop, mais ventre à terre, que se fait le service.

Ce redoublement d'activité dans l'échange des communications entre les deux centres du pouvoir de la Commune donne créance à la bonne nouvelle.

Je rentre chez moi vers 8 heures, et je constate que le bombardement de la rive gauche continue. Les obus, me dit-on dans le quartier, arrivent très-avant dans Grenelle et dans Vaugirard.

22 mai.

8 heures du matin.

Aux obstacles qu'accumulait la Commune pour empêcher la vérité de se faire jour, à son redoublement d'audace dans le mensonge, à la violence croissante des mesures qui se succédaient, à l'agitation grandissante qui régnait de toutes parts, on sentait depuis 48 heures que nous touchions à la fin de la première partie du drame qui se déroulait sous nos yeux depuis plus de deux mois.

Hier au soir, ainsi qu'en courait le bruit accueilli

comme une bien chère espérance, une partie des troupes franchissait le rempart à l'heure même où le gouvernement de l'Hôtel-de-Ville faisait publier que ses bataillons triomphants venaient de faire mordre la poussière à « trois mille Versaillais ».

La nuit qui allait s'écouler devait être témoin des derniers combats extérieurs.

Le bruit du canon et de la fusillade, qui n'avait point cessé de se faire entendre toute la journée, redouble d'intensité et se rapproche d'heure en heure, de quart d'heure en quart d'heure.

Il est 4 heures. Je me lève.

Les hommes d'un poste de garde nationale établi en face de mes fenêtres se montrent un point du côté de l'École militaire. Un obus vient d'éclater là, j'en vois encore la fumée. A ce moment j'aperçois « deux Vengeurs de la Commune » casernés rue de Babylone; ils regagnent la caserne en hâtant le pas.

Je descends, je les suis. Je parcours une partie du quartier, il s'y fait un mouvement inaccoutumé; on s'interroge, et l'on se répond sans s'arrêter. Un tambour fédéré passe. Je n'entends point une interpellation qui lui est adressée, mais je la devine à sa réponse : « Oui, *ils* l'ont planté sur les remparts hier au soir vers 4 heures. » Et cet homme disparaît au tournant d'une rue.

Tout ce que je vois, tout ce que j'entends, excite en moi des inquiétudes, fortifie mes espérances. Je me dirige vers mon observatoire. Je cherche anxieusement le pavillon de l'École militaire au sommet duquel, depuis 2 mois, s'étale la hideuse guenille rouge. Dieu soit béni! Elle a disparu! Et le drapeau tricolore flotte fièrement sur tous les sommets de l'École. Je regagne précipitamment mon domicile. Le poste de garde nationale, qui à 6 heures était là encore, a disparu; plus un seul garde. La caserne Babylone est vide. La fusillade qui ne s'est point arrêtée devient plus vive, plus pressée. Elle éclate de toutes parts. Les balles sifflent dans l'air. Où se bat-on? Ici, là, partout. Tout à coup des soldats de la ligne apparaissent au coin de cette rue, puis de celle-ci, puis de cette avenue, puis sur ce boulevard; c'est le salut : l'armée de Versailles est dans Paris.

J'ai rempli la tâche que je m'étais imposée.

Avec l'entrée dans nos murs de l'armée libératrice, se rouvraient les communications entre Paris et les départements. Le calme rétabli, les journaux vous ont apporté le récit exact et complet des événements qui se sont écoulés dans cette douloureuse semaine. Ils vous ont fait connaître combien la lutte avait été terrible, acharnée. Ils vous ont dit avec quel entrain, quelle ardeur nos vaillants soldats avaient enlevé, quartier par quartier, rue par rue, les obstacles formidables dont les fédérés avaient hérissé Paris. Ils vous ont dit que, toujours plus pressés, toujours repoussés, les misérables que leurs chefs encourageaient par l'exemple semaient en s'enfuyant la mort et l'incendie. Ils vous ont raconté l'assassinat des otages-martyrs, l'embrasement des monuments dont la France entière s'enorgueillissait. Ils vous ont appris le jour, l'heure, où, l'insurrection enfin vaincue, écrasée, Paris meurtri, sanglant, couvert de ruines, était arraché des mains des bandits souillés de crimes dont il subissait depuis deux mois les ignobles étreintes.

Je n'ai donc rien à ajouter à ce lamentable tableau.

Bien des jours s'écouleront encore avant que la grande cité ait repris sa vie accoutumée de travail et de labeurs.

Elle s'y essaye cependant déjà, promettant de se rappeler comment elle a été violemment interrompue par les menées infâmes des misérables dont l'histoire n'enregistrera les noms que pour les maudire.

FIN.

TABLE DES MATIÈRES.

Mars. Pages.

PRÉFACE. 1

18. Le gouvernement veut en finir. — Sa proclamation. — Les canons pris et repris. — L'affaire de la place Pigalle. — Crosse en l'air. — La deuxième proclamation. — Assassinat des généraux Lecomte et Clément Thomas. — Le gouvernement quitte Paris. 9

19. Paris et son nouveau maître. — Les proclamations du *Comité central de la garde nationale* au peuple et aux gardes nationaux. — Paris stupéfait. — Le Comité et le *Journal des Débats*. — Qui coupable, qui responsable ? — La garde nationale et la loi sur les échéances. 19

20. Le premier numéro du *Journal officiel*. — Encore une proclamation du Comité. — Élection d'un « Conseil communal ». — Convocation des électeurs pour après-demain. — Nomination d'un « Délégué à l'Intérieur ». — Les députés et les maires de Paris. 25

21. Déclaration de la presse. — Garde nationale et repris de justice. — La manifestation de l'ordre. — Patrouille et coups de feu. 30

22. A demain les élections. — L'avertissement à la presse. — La fusillade de la place Vendôme. 34

Mars.   Pages.

23. Détails sur le drame d'hier. — Ils étaient vingt mille sans armes. — Les élections encore ajournées. — La garde nationale de l'ordre réagit. — Perquisition dans une église. — Les canons braqués sur la rue du Bac. . .   37

24. L'amiral Saisset. — On espère. — Les délégués du Comité et les municipalités des 1er et 2e arrondissements. — L'entente   41

25. Espérance détruite. — Elle renaît. — Le Comité l'emporte définitivement. — Les élections ont lieu demain. — L'amiral Saisset retourne à Versailles.   44

26. La proclamation sur l'entente. — L'attitude du *Journal des Débats*. — Le calme du scrutin.   47

27. Les journaux qui conseillaient le vote. — Le droit et le fait.   48

28. Le vote du 26 mars. — Ses résultats moraux.   50

29. La Commune gouvernement de Paris. — Le drapeau rouge. — Les généraux Chanzy et Cremer. — Le premier délivré par le second. — Aspect des gares de chemins de fer. — Les séances de la Commune : point de tribune, point de publicité, point de compte-rendu. — Les barricades. — Destitution des fonctionnaires. .   51

30. La Commune et les loyers. — La conscription est abolie. — Plus d'armée dans Paris. — Les dix grandes commissions de la Commune. — Le Journal officiel prend le titre de *Journal officiel de la Commune de Paris*. — Une visite d'un délégué du Comité au directeur général des postes. — Les bataillons fédérés et le drapeau rouge.   55

31. Le *Journal officiel* reprend son ancien titre. — Les élus du 26 mars et le chiffre des inscrits. — La direction générale des postes quitte Paris. — Le blocus épistolaire. — Encore un nouveau Comité. — Les fédérés aux forts de la rive gauche. — Le Trésor et la Commune. — Les arrestations. — Le rôle du reporter devient difficile. — Les croix du Panthéon.   60

TABLE DES MATIÈRES.

Avril.   Pages.

1er. Le citoyen Protot, grand-juge. — La poste et le commerce. — Saisie de la caisse à la gare de Bercy. — Le prix des denrées alimentaires. — Les cavaliers de la République. — A quand les assignats.   65

2. Les démissionnaires de la Commune. — Le premier engagement. — La garde nationale est battue à Courbevoie. — Les fuyards. — Un fruitier qui n'a pas de carte rouge.   67

3. Les bataillons de la Commune tentent de marcher sur Versailles. — Le plan des « généraux de la Commune ». — Déroute complète. — Les frères des écoles chrétiennes. — La Commune, école d'arrestations mutuelles. — Plus de communications avec Versailles. — Le curé de Courbevoie.   70

4. Le bruit du canon et le silence de l'Hôtel de Ville. — Les oratrices du boulevard Richard-Lenoir. — Les bataillons surveillés.   77

5. Succès des troupes de l'Assemblée. — Mort de Flourens et de Duval. — Suppression de journaux. — Levée en masse des célibataires de 17 à 35 ans. Les arrestations.   79

6. La loi des suspects. — La note du citoyen Paschal Grousset aux puissances étrangères. — La proclamation aux départements. — Arrestations et perquisitions. — Réunion convoquée place de la Bourse.   81

7. La réunion de la place de la Bourse empêchée. — Toujours les arrestations. — Celle de M. Vrignault restera à l'état de tentative. — Les vacances à la Commune. — Élections fixées au 10.   85

8. Canonnade et mousqueterie. — Le citoyen Bergeret et Neuilly imprenable. — Ce « général » successivement appelé à d'autres fonctions et arrêté. — Le grade de général supprimé. — Dombrowski nommé en remplacement de Bergeret. — Les étrangers et la Commune. — C'est maintenant de 19 à 40. — Le reporter de *l'Opinion nationale*. — Les réfractaires.   88

9. La liberté de la presse et l'Hôtel de Ville. — Les arrestations continuent. — Perquisition et touchante his-

Avril.   Pages.

toire. — Boulangers et bouchers. — Les barricades de la place de la Concorde. 92

10. Ordre, contre-ordre, désordre. — Dombrowski, ses titres à la confiance des fédérés. — Vermorel disparu. — La chasse à l'homme. — Le mutisme des cloches. — Tristesse de Paris. — Quelques bons bataillons. — Le service et la solde. — Les nouveau-nés. — La mère de Flourens. — Les arrestations se multiplient. — La Commune pouvoir politique et gouvernement. — Amour ou mépris. 96

11. Le combat continue. — Les pensions pleuvent. — Le Comité central et la Commune. — Vermorel retrouvé. — Les barricades démolies. — Le colonel Langlois, sa deuxième condamnation à mort. — On arrête toujours. — Elles n'ont de femme que le nom. 102

12. Les reporters de la presse et les laissez-passer. — Où est la vérité ? — La guerre des rues. — Les loyers dus à la ville. — Le bien d'autrui. 106

13. La batterie du Trocadéro. — Le respect de la famille. — Une administration modèle. — La solde des généraux. — La colonne Vendôme. — Les bataillons suspects. — L'amour filial. — Arrestations. 109

14. La lutte dans le sud. — M. Thiers et la ligue républicaine. — La misère pour tous. — On arrête toujours. — Assi remis en liberté. — Les indiscrétions de la presse. 113

15. Les bulletins de victoires de la Commune. — Le peuple des campagnes et le journal *le Rappel*. 119

16. Le gage de la Prusse. — L'approvisionnement de Paris. — Les déménagements. — La Commune a la science infuse. — Eudes et Mégy. — Une parenthèse. — L'accolade au bagne. — La Société internationale de secours aux blessés. — Causer et gesticuler. — L'ex-préfecture de police. 122

17. Canonnade inoffensive. — La retraite devient générale. — Le droit de propriété. — Perquisitions méthodiques. — L'émigration. — Les barricades. 129

TABLE DES MATIÈRES.

Avril.   Pages.

18. Notre délivrance et le plan du gouvernement de Versailles. — La pluie et les fédérés. — Le décret sur les échéances. — Création d'huissiers de la Commune. — La cour martiale. 134

19. Les fédérés brûlent leurs morts. — Aux gares. — La cour martiale, condamnation à mort. — « Bourgeois, ils sont saisis, c'est cinq sous ! » — Les expulsions. . 139

20. Trêve. — La « Déclaration au peuple français ». — Les élections du 16 avril.—1,700 voix et 22,000 électeurs.— La ligue et le pouvoir exécutif. — Le tien et le mien. Propos et arrestations. — Une douloureuse statistique. 142

21. L'action continue à Neuilly. — Le service des aérostiers réorganisé. — La nouvelle commission exécutive.— La police de la Commune. — Les carrières d'Amérique et la garde nationale. — Nouvelles arrestations. — L'argenterie des Invalides. 149

22. Les positions respectives au 2 et au 22 avril. — Les pertes de quelques bataillons. — Mise en demeure au personnel des administrations publiques. — Les élus scrupuleux. — Un mot de Félix Pyat. — Les visites domiciliaires. — Toujours le décret de 19 à 40. 153

23. L'armée gagne du terrain. — Le citoyen Briosne et la loi électorale. — La liberté de l'enseignement. — L'Internationale à la Commune. — Souvenirs du procès de Blois. — Les barricades de la rue de Rivoli. — Bergeret rentré à la Commune. 158

24. « Il n'y en a que pour eux. » — L'abus des alcools et les blessés fédérés. — La quête au fusil. — Institution de notaires, de commissaires-priseurs et greffiers de tribunaux. — Encore un étranger. — Résistance. — Enlevez-le ! — Un conspiration. 162

25. La presse et son rôle. — Suppression du timbre et prix des journaux. — Ce prix et l'acheteur. — Le *Journal de Paris*. — La suspension d'armes. — Les bombardés. — L'ex-préfecture de police et ses délégués. — Le faubourg Saint-Antoine et le 118ᵉ bataillon. 167

Avril.   Pages.

26. Le principe électif et la Commune. — Proudhon et le socialisme. — Une prophétie. — On ne s'entend plus à l'Hôtel de ville. — Les embarras financiers. — Une affiche respectée. — La démission du citoyen Rossel, président de la cour martiale. 172

27. Versailles attaque. — Les Compagnies des chemins de fer et le Trésor. — Désertions et défections. — Le journal *la Paix*. — Encore une calomnie contre les congrégations religieuses. — L'union syndicale. — Cinq caisses forcées. 175

28. *Le Temps* et un projet de transaction. — Les typographes et les journaux supprimés. — Une perquisition non suivie de vol. — L'intempérance des fédérés. . . . 179

29. La liberté des conventions. — Une énigme. — Un abus coûteux. — L'opinion et le discours de M. Thiers. — Les francs-maçons. — Félix Pyat et les citoyennes de son arrondissement. 182

30. Prise des Moulineaux et de la gare de Clamart. — Abandon du fort d'Issy par les fédérés. — La Compagnie de Lyon, son versement. — Bruits de l'intervention allemande. — Explication de l'énigme. 185

Mai.

1er. Arrestation du délégué à la guerre, Cluseret. — Nomination du citoyen Rossel à ces fonctions. — Brocanteurs et intendants. — L'impôt et la Commune. — Une prétendue manifestation départementale. — Patapenki. . 188

2. Création d'un Comité de salut public. — Une juridiction pour soi-même. — Le commandant du 110e. — Comment il sera au nombre des morts. — Le Comité de salut public et la presse. — Le bombardement de la nuit. — Visite à l'habitation d'un ministre. — Nouvelle suppression de journaux. 194

3. Le drapeau parlementaire. — Miot et le Comité de salut public. — Il faut faire tomber les têtes des traîtres. — Les études de notaires. — La presse. — Proposition du

TABLE DES MATIÈRES.

Mai.   Pages.

journal *la Nation souveraine*. — Rossel. Pourquoi il est allé à la Commune? 198

4. La *Nation souveraine* supprimée. — La Commune et les boulangers. — La liberté du travail. — Assi et *Paris-Journal*. — Une statistique. — 500,000 fr. par jour. — Prise du Moulin-Saquet. 201

5. Comment on enfonce une porte ouverte. — Les chevaux et l'enceinte. — Le Comité central n'a point abdiqué. — Un commissaire de police repris de justice. — M. de Girardin et son nouveau journal. — Les ambulancières de la Commune. 204

6. Glorification et apologie de l'assassinat. — La chapelle expiatoire. — Sept journaux supprimés. — Encore les juifs May. — Débiteurs récalcitrants. — Un repris de justice membre de la Commune. — Le 127e rue de Bourgogne. — Les fournées saisies.. 208

7. Les vingt-sept journaux réduits à six. — La ligue de l'Union républicaine et les conseils municipaux des villes. — Un vaillant bataillon. — Femmes et mères arrêtées pour maris et fils. — L'armée ménage les fédérés. 212

8. La presse de la Commune et les campagnes insultées. — Un colonel fédéré tué devant un café. — 50,000 revolvers mal placés. 215

9. Le vol au cheval. — La proclamation de M. Thiers. — Plus de 19 et moins de 40. — Un titre peu justifié. — La prise du fort d'Issy et le délégué à la guerre. — Je crains un piége. — La dépêche contraire. 219

10. Quel imbroglio! — Rossel demande une cellule à Mazas. Delescluze sauvant l'Europe. — Le Comité secret. — Graves résolutions. — Le Comité central ressaisit le pouvoir. — Les efforts se concentrent sur le fort de Vanves. 224

11. Le citoyen Delescluze nommé à la guerre. — Le nouveau Comité de salut public. — L'hôtel de M. Thiers sera rasé. — Évasion de Rossel et de son gardien. — « Arrêtons-nous les uns les autres! ». 229

Mai. Pages.

12. Proclamation du Comité de salut public. — Une nouvelle tombe. — Six victimes. — Les chirurgiens-majors de la Commune. — Les visites à la Colonne toujours menacée. 233

13. Les tribunaux de la Commune. — La période des aveux. — Comité de vigilance. — Patrie et République. — Perquisitions dans le IXe arrondissement. — Les bultins de guerre de la Commune. — Le *Journal officiel* à cinq centimes. 235

14. Remplacement du citoyen Cournet à l'ex-préfecture de police par le citoyen Ferré. — Création de commissaires centraux de police. — Démolition de la maison de M. Thiers. — La presse nouvelle et ses sympathies pour la famille de M. Thiers. — L'autorité du *Père Duchesne* à la Commune. — Une citation dont je demande pardon. 241

15. La Commune organise la défense intérieure. — Les trois chefs d'armée. — La carte civique. Les traitements et les grades à la Commune. — Le fort de Vanves. . . 245

16. Le calendrier républicain et le *Journal officiel*. — Le style des hauts fonctionnaires communeux. — La Commune emploiera dans la lutte tous les moyens de destruction. — L'appel aux villes. — Un pacte avec la mort. — Paris se ferait sauter. — Scission au sein de la Commune. — Les dissidents, leur Déclaration. — Nouvelle hécatombe des journaux. — La chute de la Colonne. 249

17. Les adjoints aux généraux. — Encore un décret criminel. — Deux bataillons retour des remparts. — Explosion de la cartoucherie. — La proclamation du 7 mai prématurée. — Redoutables déclarations. — Encore un commandant qui demande une cellule. 256

18. Une odieuse accusation. — Un journal communeux et cette accusation. — La proclamation du Comité de salut public. — La fin du vieux monde. — Les réfractaires et la peine de mort. — Une séance de la Commune. — La demande de dix têtes. — Le droit des minorités à la Commune. — Un tableau de la situation. 264

TABLE DES MATIÈRES.

Mai.   Pages.

19. Le Comité de salut public et la presse. — Neuf nouvelles victimes. — Les contrevenants au décret déférés à la Cour martiale. — Ils encourent la peine de mort. — Les voleurs galonnés. — Les lois divines et humaines à la barre de la Commune. — Nos femmes et nos filles fouillées aux gares. — L'action militaire se rapproche. — Pour faire pendant à Bergeret à Neuilly. 271

20. De floréal à prairial. — La Commune et ses voleurs. — Le 18 mars est l'œuvre de l'Internationale. — La situation se tend. — Proclamation du Comité central. — Il est plus puissant que jamais. — Le Fouquier-Tinville de la Commune. — Nouvelle à sensation. — Un meeting de l'Internationale. — L'affranchisrement « du ventre ». — Le soleil et la terre propriété du prolétaire. — Notre ceinture de fer et de feu; — elle se resserre d'heure en heure. 278

21. Menace de brûler le Grand-Livre. — Neuf rapports militaires. — Les morts qui parlent. — Les Érostrates modernes. — Toucherions-nous au moment décisif ? — Une dépêche de la Commune; elle satisfait tout le monde. — Une partie de l'armée aurait franchi l'enceinte. 286

22. La nouvelle était vraie. — La nuit. — La matinée dans mon quartier. — Le drapeau tricolore. — Les balles sifflent. — C'est le salut! — L'armée est dans Paris. 297

22-31. La lutte. — Assassinats et incendies. — L'insurrection est vaincue. 299

BIBLIOTHEQUE NATIONALE
Désinfection 1984

www.ingramcontent.com/pod-product-compliance
Lightning Source LLC
Chambersburg PA
CBHW071257160426
43196CB00009B/1322